日記のなかの建築家たち

中村敏男

acetate022

目次

日記の引用は《　》でくくった。明らかな誤字脱字は修正し、原文を損ねない程度の表記統一を行った。
また、人名等欧文で書かれたものについては、読みやすさを優先しカタカナに改めた。

目次

1 『近代建築』の頃

　1952 年、早稲田大学第一理工学部建築学科に思いがけず入学した。映画監督志望だったのに、父親から正業に就けと言われて受験した。浪人中、雑誌『美術手帖』で読んだ二つの論文のせいだろう。ひとつは瀧口修造「ライトの建築」、もうひとつは今井兼次「ル・コルビュジエとその絵画」。白雲たなびくタリアセン★1 の写真と、左手に色鉛筆を握ってスケッチするル・コルビュジエの写真が脳裡に残った。

　入学してみると、「建築家になりたくて入った」という友人がいて、そのなかに後に有名になった内井昭蔵君や竹山実君がいた。ひどく心許なくなった。そのうえ「犬小屋を設計せよ」という設計課題を見てぎょっとした。なにやら違和感を抱いた。友人が提出した模型を見ると、「たわし」をほどいて薬屋根に葺き上げている。それを見て、こりゃ駄目だと思った。担任の松井源吾助教授に相談に行った。

　中野の公団住宅の一室で、浴衣姿の松井さんは一升瓶を前に、「評論だって？ 建築って、金を儲けるものだぞ」と困惑した顔だった。それで

も、「じゃ、この人に会ってみろ」と、当時、大妻女子大の教授だった久保喜勇さんの名前を挙げた。田端のお宅に伺うと、青い髭面の大男が現れた。そして、自作の評論を掲載した小冊子を見せて、やにわに「君、チェルヌイシェフスキーは読んだか」と聞いてきた。やむなく、ギーディオンは無論のこと、級友の根本衛君から貰い受けた『建築工芸アイシーオール』に連載されていた、グスタフ・アドルフ・プラッツの『近代建築史（Die Baukunst der neuesten Zeit）』（川喜田煉七郎訳）、さらに『建築新潮』に連載されたアドルフ・ベーネの『現代の目的建築（Der modern Zweckbau, 1926）』（仲田定之助、川喜田煉七郎合訳）等々を乱読し、文学部の友人たちと詩の同人誌『オゾーン』をつくった（2号まで出版された）。

　構内を歩いていたら、「デザイン研究会」の部員募集の張り紙をたまたま見つけた。部室に行ってみることにした。心理学を出て、美術史を専攻しているという発起人の小林邦雄君に出会った。色白で物静かな男で、妙に説得力があった。桑沢デザイン研究所にも通っていて、学外にも知人が多かった。後年、彼は大日本印刷に入社し、大阪に転勤、日本板硝子の企業誌『Space Modulator』（1960年創刊）を企画し、成功させた。後年、あの誌名は君がつけたんだよと彼に言われたが、まったく忘れていた。

　ある日、彼から突然、浜口隆一に会いに行こうと誘われた。青山通り裏にある木造の浜口邸を訪れ、浜口さんに会った。一見、ひよわそうに見えたが、その頃、浜口さんはバイクを乗り回し、頭髪を短く刈っていた。会うなり、長髪の私を見て「君、あたまを刈りなさい」と言った。

　小林君は、今度は川添登に会いに行こうと言う。二人で巣鴨の川添邸へ行った。大きな門の脇に離れがあり、川添登さんはそこで書棚を背にして机の前に端座していた。後ろの壁には、一本のドーリア式の柱のデッサンが額に入って飾られていた。言うまでもなく白井晟一さんのスケッチで『新建築』の表紙になったものだ。その隣に間もなく夫人になられる長江

康子さんが座っていた。川添さんはよく通る声でひっきりなしに喋った。

　翌年の1956年、父が事故死、今和次郎先生に提出するつもりだった卒業論文は、とうとう書けなかった。それ以後、"弟子第一号"などと称して川添邸に昼夜出入りし、参考文献を翻訳したり川添さんのお喋りの聞き役を務めた。やがて川添さんの口利きで『近代建築』の編集を手伝うことになった。美術出版社から出版されていた『リビングデザイン』の編集長だった康子夫人から、レイアウトや校正の仕方などを手厳しく教えられた。康子夫人は名取洋之助の薫陶を受けた方だと聞いた。最初の編集の仕事は、級友竹山実君の処女作の住宅だった。『近代建築』は、「新建築問題」★2 後の宮嶋圀夫さんが編集長だったが病気がちだった。一時、栗田勇さんも宮嶋さんのつてで現れたが、片桐軍社長とは馬が合わなかった。栗田さんは当時無名で、私を従えて新宿の街を飲み歩いた。

　1958年、白井晟一さんの善照寺が完成した。翌年、『近代建築』5月号で特集することになった。詩人の関根弘さんをたずねたり、彫刻家の流政之さんに会ったり、二人を善照寺へ案内したりした。川添さんと江古田の白井邸へ同行した。有名な「滴々居」である。「君、お茶を飲むな。あの家には便所がないからな」と川添さんが言った。白井さんは和服姿で顎髭を生やしていた。「富士」という高級煙草を吸いながら、夕方から明け方まで話をされた。時々、白井さんと目が合うとなにやら胸がときめいた。それからひとりで伺うことになった。

　ある時、夏の暑い盛りに伺うと、ガラリ戸を細めに明けた室内に白井さんは座って、「君、蕎麦を食うか」と言う。出された盛り蕎麦を白井さんはおそろしい勢いで平らげた。喋るのは、もっぱらこちらだったが、「そう、そう」と頷きながら「建築の問題は、やはり、人間だよ」と気負い込むように言い、帰る間際、「いろいろ言ったが、今日の話、わかったかな？」と確かめられた。その頃、白井さんには内弟子の中村さんという人

がいて、赤い鼻緒の冷や飯草履を履いていた。

　1960年5月、世界デザイン会議が開かれた。その事務局長は、私が学生時代に製図の指導を受けた、早稲田大学講師でもあった浅田孝さんであった。国際文化会館の一室にいる浅田さんのところへ挨拶に行った。「おお、君だったか」。白面の痩せた頬が笑った。メタボリズム・グループが結成された頃で、川添邸には、長夜、大高正人、菊竹清訓、黒川紀章、それに浅田孝さんが集結した。私は部屋の隅っこに座ってもっぱら話を聞いていた。話をリードするのは川添さんで、甲高い声で喋り、時折、大高さんが落ち着いた調子で川添さんをいなし、菊竹さんは滅多に喋らず、黒川さんが気負いこんで喋った。銀座裏の旅館「柳月」を宿としていた浅田さんは、「これから川添を襲うぞ」と吠え立てて乗り込んで来たこともあった。槇文彦さんは川添邸に来たことはほとんどなかった。

　一夕、菊竹さんの「スカイハウス」にルイス・カーンを招待し、メタボリズム・グループと槇文彦さんの通訳を通じて歓談した。カーンは並みいる人たちより頭も手も足も一段と野太かった。首を上げ、太い指で海老を持ち上げている姿は猛禽類のようだった。世界デザイン会議では、カーンがとりわけ注目された。早稲田大学で講演を行い、川添さんが論評して『近代建築』7月号に掲載した。講演会の後で挨拶に行くと、にこっと笑い、何も言わず、太い手を差し出した。それが最後だった。十数年後、フィラデルフィアに行った時にはすでに亡くなっていた。

　アリソン、ピーター・スミッソン夫妻とも、国際文化会館でメタボリズムのメンバーとの会談があった。その様子も別の機会に『近代建築』に掲載した。

　ある日、川添さんから「病気がちの宮嶋を外して君に編集を任せたいん

『近代建築』（1960年11月号，特集＝グループメタボリズム，近代建築社）

だが、どうする？」と言われた。写真家の二川幸夫さんに相談にゆくと
「絶対、やると言え」とけしかけられた。こうして『近代建築』の編集は
すべて任されることになった。何も知らない素人なので、メタボリズムの
人たちが編集顧問となった。

　そして1960年11月号は、粟津潔さんのデザインした表紙のメタボリ
ズム特集号だった。巻頭に浅田孝さんの序文があった。川添さんは、「気
宇壮大な構想を抱き、時代の先端を捉え、指導理念を明確にせよ」と言

い、それに先んじて、論文『建築の滅亡』（現代思潮社）を連載した。1960年安保闘争の際、国会デモに参加し、他誌より早く『近代建築』に評論を発表されたのは川添さんだった。二川さんが撮ったデモ隊に囲まれた国会議事堂の航空写真を一頁大にして掲載した。実際の編集にとって強力な味方になったのは二川さんだった。彼は力強い建築が好きで、そのヒロイックな影像は建築家を喜ばせた。群馬音楽センター（1961）のアントニン・レーモンド、東京文化会館（1961）の前川國男、三番町の家の吉田五十八、二川流の単純、明解なレイアウトを見せると、文句なく掲載を承認してくれた。

その2ヵ月前、1960年9月号では、他誌に先んじて丹下健三特集号を出版した。二川幸夫が新たに撮影しますというふれこみだった。許可を貰うため、川添さんにつき添われて、成城の木造ピロティの旧丹下邸へ行った。川添さんは畳に座るなり、一声、「中村君を男にしてやって下さい」。これにはびっくりした。日頃、「建築雑誌には建築家を指導する批評理念がなくてはならない」と言っている人がこういう啖呵を吐くとは。丹下さんは薄ら笑いをしている――。だが、この丹下健三特集号によって、どうやら『近代建築』も一人前になった。

*1――タリアセン……フランク・ロイド・ライトの設計事務所、共同生活のための建築群のこと。1911年からウィスコンシン州に建設されたタリアセン・イースト及び1937年からアリゾナ州に建設されたタリアセン・ウェストの二つの拠点が存在する。なお、この瀧口修造の記事においてはタリアセン・ウェストの写真が紹介されている。

*2――新建築問題……1957年に川添登編集長および編集部が総辞職した問題。『新建築』1957年8月号において村野藤吾設計の有楽町そごうに対し批判記事を書いたことに起因する。

2 鹿島出版会の頃

　1963年、鹿島研究所出版会（鹿島出版会）の平良敬一さんから、今度出す新しい雑誌を手伝わないかと声をかけられた。話を進めたのは知人の長谷川愛子さんだった。『近代建築』の編集にもそろそろ限界が見えてきた頃だった。結婚も迫っていた。職場を変えるのも悪くはないと、思い切って近代建築社を退社して鹿島出版会へ入社した。

　鹿島出版会は、建築関係以外にも、土木、経営、歴史、後には社会学といった分野の単行本までも出版しようとしており、編集経験者を集めていた。当時はニュータウン計画が盛んな頃だったから、最初は、LCC（ロンドン州議会）報告書『新都市の計画（The Planning of a New Town）』の編集を担当し、佐々波秀彦さん（建設省建築研究所）や長峯晴夫さん（日本住宅公団名古屋支所）が翻訳を受け持った。ケヴィン・リンチの『敷地計画の技法（Site Planning）』は、佐々木宏さんに翻訳を依頼した。

　やがて雑誌の編集体制が決まり、誌名も「スペース・デザイン」と決まった。「SD」というアルファベット表記を使ったのは、雑誌としては最

初だろう。凸版印刷の田辺輝男さんがデザインした「SD」のロゴタイプも決まった。そうして『SD』の副編集長となった。雑誌の編集会議には鹿島昭一さん、高階秀爾さん、高瀬隼彦さん、椎名政夫さん、穂積信夫さん、松本哲夫さんの顔が見えた。平良さんは『SD』を単なる通常の建築雑誌にしたくなかったようだ。しかし、私は『近代建築』での編集経験が災いしたのか、平良さんの新しい体制にそぐわず、間もなく『SD』編集部を離れた。

　そして、私と同じように新建築社から鹿島出版会に移ってきた、年長の二瓶壌二さんと、「SD選書」「SDグラフィックス」を担当することになった。「SDグラフィックス」はいわゆるムックを先取りしたもので、写真を主体とするカラー・デラックス版だった。『新建築』で写真を撮っていた川澄明男さんによる『アルハンブラ』、柳宗玄さんによる『カッパドキア』、二川幸夫さんによる『ガウディ』と『パルテノン』、渡辺義雄さんによる『帝国ホテル』を立て続けに出版したが、続かなかった。

　一方、「SD選書」は、書き下ろし、翻訳も含めて、建築や都市を中心とする文化一般を扱う写真入り単行本シリーズだった。担当した第1巻『現代デザイン入門』は、勝見勝さんが1955年に『リビングデザイン』に連載した「デザイン運動の100年」を原典にした。第2巻『現代建築12章』は、「Voice of America」の講演集を山本学治さんに翻訳していただいた。このなかにはルイス・カーンの一文があった。第5巻『日本デザイン論』は、伊藤ていじさんが先年ワシントン大学で講義したテクストを原典にした。

　さらに、第10巻ル・コルビュジエ著『今日の装飾芸術』は、手持ちの1930年に構成社書房から出版されたものを前川國男さん自身が改訳し、復刻版として出版した。それが評判となって、ル・コルビュジエの他の著書の復刻版、新訳を企画した。第15巻『ユルバニスム』を樋口清さんの

『帝国ホテル　Imperial hotel 1921-67』（SD グラフィックス , 鹿島研究所出版会 , 1968）

新訳で、第 21 巻『建築をめざして』は、1929 年に構成社書房から出版された宮崎謙三訳『建築芸術へ』を吉阪隆正さんの新訳で、第 26 巻『近代絵画』は、1946 年に河出書房から出版されたオザンファン・ジャヌレ共著、吉川逸治訳『新しき藝術』を改版し、第 33 巻『輝く都市』は、1956 年に丸善から出版された坂倉準三訳を復刻した。第 29 巻川添登著『移動空間論』、第 38 巻浅田孝著『環境開発論』の出版は、無論、恩返しのつもりであった。SD 選書は 46 巻まで担当した。

　その頃、美術出版社から白い表紙に一色で「美術批評」と印刷された薄

勝見勝『現代デザイン入門』
（SD 選書，鹿島出版会，1965）

　い平綴じの雑誌が出版されていた（1952 年創刊）。それにはハンガリーの建
築史家マーテ・マヨールの論文や、川添さん（筆名：岩田知夫）、平良さん
（筆名：葉山一夫）、宮内嘉久さん（筆名：灰地啓）の評論が掲載されていた。
『美術批評』は、毎年、芸術評論募集を主催していた。美術評論家の中原
佑介さんや多木浩二さんは、『美術批評』の芸術評論の出身である。

　1965 年、私は第五回芸術評論募集に応募した。審査員は瀧口修造、生
田勉、針生一郎の三氏。岡田隆彦さんが一席で、私（筆名：中村隆）が佳作
になった。

1967 年、『建築文化』で第二回懸賞論文募集があった。審査員の伊藤て
いじさん、神代雄一郎さん、山本学治さんは顔見知りだった。主題は「建
築家の職能」。単行本編集者としてはまったく無縁な題目だったが、応募
した。偽名（筆名：石田純）にしたのは、審査員たちへの遠慮からだ。曰く、
「日本は海外文化を屈折させている」、「建築家は社会的勝者に成りえない」、
「建築家の職能を語ることは建築を語ることである」、「建築とは埋没作業
ではなく、埋設作業である」、ゆえに「建築家は社会システムをとらえな
ければならない」。それが一位入賞。伊藤さんからは「来年もやりたまえ」
と励まされ、神代さんには「わかりやすい文章だったよ」といなされ、山
本さんには「ほんとに君なのかい」と憫然とされた。『建築文化』の編集
部は「騙された」と激怒し、「賞金を鹿島出版会に持ってゆかれた」と
言ったとか。

　同じ年、鹿島出版会は雑誌『都市住宅』を創刊した。表紙は磯崎新、杉
浦康平さんたちの企画、デザインだった。二人が選んだ建築家の作品のア
クソノメトリックを、二色刷りにして、付録の杉浦康平デザインの特製色
眼鏡で見ると「飛び出して見える」という趣向であった。ルドゥー、ル・
コルビュジエ、フラー、リートフェルト、ガウディ、ヴェンチューリ、
ジョンソン、パラディオ、キースラー、ロース、ライトが選ばれた。新進
気鋭の編集長植田実さんから、建築家たちの紹介文を書いてほしいと依頼
された。大いに気取ったテクストを書いた。その時には、フレデリック・
キースラーとの手紙のやり取りが役に立った。

　「はるか遠い国から私の作品に共感を寄せる便りを受け取るのはいつで
も嬉しいことだ。この 5 月と 6 月のグッゲンハイム美術館での展覧会の
おかげで、どうやら美術家どもも私の考えを理解してくれた……われわれ
は人間として、また人工的環境の創造者として一体でなければならない
し、人間も、住居も、寝台も、机も無論、実際に見たり感じたりする以上

に自然の諸様相と深く関わっているのである。……したがって、いかなる創造的技術者といえども自らの作品では個人的楽しみにしか過ぎない設計は放棄しなければいけない。そして造形芸術の単一化のために努めなければならない。その各部分がどんなに密接していようと分散していようと、そんなことは問題ではないのだ。われわれはいまや造形芸術すべてを手にしている。だが、すべての人のために一層創意に満ちた生活を発展させるためは、それらで何をしたらよいのだろうか、どうやったら手助けになるのだろうか。衛生がすべてを解決するわけではない。テレビジョンがすべてではない。流行がすべてではない。世界はきわめて重大な事態にある。したがって詩人も芸術家も、建設者も、なお一層正しい生活方法を立てなければならない。(中略)……私はこのところフロリダのウエスト・パーム・ビーチでエンドレス・ハウスを3戸計画しているし、また基礎的研究もしている。これらの住宅の材料は、その計画段階ではコンクリートであったが、必ずしもそうである必要はない。聞けば、君のところでは木構造の知識と知恵がきわめて豊かとか、その材料あるいは木とコンクリートとを組み合わせてこれらと同じ空間構成ができるだろうと思う」(1964年12月)。

　この返事を受け取った翌年、1965年12月27日にキースラーは亡くなった。その頃、たまたま手にしたピーター・コリンズ著『Changing Ideals in Modern Architecture 1750-1950』は近代建築の思想的背景を、Romanticism、Revivalism、Functionalism、Rationalism、The Influence of the Allied Arts に収斂して扱った、これまでにない近代建築史で、アカデミックなテクストだった。あつかましくも、『国際建築』の編集長だった宮内嘉久さんに翻訳の連載をお願いした。分量の問題もあって、翻訳ではなく、翻案に近い形式で掲載された。残念なことに『国際建築』は1967年6月号をもって休刊し、連載も挫折した。

鹿島出版会入社以来、ジャーナリズムの世界から離れ、単行本出版の編集にかかわり続けていた。これからの生活を見定めようとしていた頃、『新建築』の馬場璋造さんから電話があった。「話したいことがあります」。

3 『a+u』の誕生

　私は急いで新建築社へ向かった。そこに現れたのは、当時新建築社専務取締役だった吉田義男さんと元海軍技術大尉の室谷文治さんだった。「『国際建築』のような雑誌をつくりたいのだが、協力してくれるか」。話とは、新雑誌創刊の誘いだった。実はこういう話はほかからもあった。二川幸夫さんは当時、美術出版社から海外建築家の作品集シリーズを出版していて、海外建築との接触を盛んに深めていた。彼からも、「今度、俺と組んでやらないか」という誘いがあった。それはやがて、雑誌『GA (Global Architecture)』となった。微妙な雲行きになってきた。すぐさま、伊藤ていじさんに相談した。「君の頭の上に誰もいないのなら、やってみる価値はあるね」。生田勉さんは、「君は瀧口さんのようになるのかと思っていたが」。最後に上司の平良敬一さんに相談した。「会社にとってはまずいが、個人的には勧める」。しかしその後、「会社は引き留める気はないらしい。やりたまえ」と言われた。急に身辺が慌ただしくなった。

　その頃、鹿島出版会での最後の仕事となるクリストファー・アレグザン

ダーの『人間都市（A Human City）』の編集に追われていた。3月から大阪で始まる日本万国博覧会のお祭り広場に展示するため、アレグザンダーは「人間都市」のダイアグラムを作成した。何枚もの長い色紙に、黒とセピアのインクで、手書きのテクストとスケッチ風のイラストレーションが描かれていた。それをロン・ウォーキーが長い木箱に入れてやって来た。まだ「パターン・ランゲージ」という言葉は使われていなかったが、アレグザンダー主宰の「環境構造センター（Center for Environmental Structure）」の意図するところは明瞭だった。アレグザンダーに好意的な浅田孝さんは、『人間都市』は鹿島出版会ではなくもっと大衆的出版社から出版したほうがよいという意見だった。その後、来日したクリストファー・アレグサンダーに会うため、平良さんやフリーライターの星野郁美さんと一緒にパレス・ホテルに行った。紺のセーターを着た色白、細面の青年で、ひどく神経質そうに見えた（後年、盈進学園東野高校の設計、建設の折に成城の中埜博さんの家で再会した時には、黒縁の眼鏡を掛け、丸々と太り、顔色も浅黒くなり、「この人、味方かい？」などと言い出して、妙に疑い深そうな話しぶりになっていた）。

　結局、『人間都市』の翻訳は、浅田孝さんの紹介で、竹中工務店のPR雑誌『approach』の編集・製作をしていたコスモ・ピーアールの瀬底恒さんと寺尾和夫さんにお願いした。浅田さんは『approach』にアレグザンダーに関する記事を誰よりも先に執筆されていた。そして、1969年のペルー・コミュニティー計画案を収録していた『都市住宅』誌の別冊として、『人間都市』は出版された。あまり売れなかったと聞いたが、今や稀覯本となっている。浅田さんに言わせると、アレグザンダーを一番理解しているのは「おつねさん」で、その瀬底さんは、「あの人（アレグザンダー）は If, then, and because って言うの」などと説明してくれた。

　『人間都市』の出版を見届けて、1970年7月31日、7年間勤めた鹿島出版会を辞めた。転職先の新会社は、「新建築社」の援助を受けて、独立

会社として設立された。社名ならびに誌名は「エー・アンド・ユー」とした。「Architecture + Urbanism = a+u」からきたものだが、建築だけではなく、都市、それも都市生活の視点も取り入れて新機軸を出そうとした。出資者のひとりとなり、役職名は取締役編集長となった。新会社は千駄ヶ谷のマンションの一室だった。編集部には小川格、吉田由美、丸茂喬の三君、まもなく『近代建築』で一緒だった山口尊敏君が加わった。

　海外向けの手紙を書くのに、デイヴィッド・グッドマンさんを紹介された。彼はイェール大学で日本文学を専攻しており、夫人で翻訳家の藤本和子さんらと一緒に「劇団黒テント」の創設に関わっていた。また、英文雑誌『Concerned Theatre Japan』の編集もやっており、日本人の心理をよく承知していた。その彼が、海外の建築家へ出す英文の手紙の例文を書いてくれた。「こういう場合にはこういう書き方をしたほうがいいです」「本当にこういうことですか？」「こういう返事をしてはいけません」等々、細かい配慮をしてくれた。今にして思うと、彼の例文とおりに書いた手紙が、海外で『a+u』の格調を高めたのではないかと思う。

　雑誌の表紙デザインは杉浦康平さんにお願いした。表紙はそれ自体で物質感が表れるものにしようと、「a+u」のロゴをアルミのインゴットにして、それをドライアイス溶液に沈めたり、大きな磁石の磁場に置いたり、花火を打ちつけたりした。表紙の撮影は杉浦さんを通じて気鋭の写真家高梨豊さんに依頼した。また、文章や写真を頁に密に詰め込むのをやめて、「余白のある、白っぽい雑誌」というイメージにした。雑誌の判型は、活版印刷で字の大きさを決めるために使うポイント尺を使って決めた。したがってA4判とは微妙に違っていた。レイアウト用紙のモジュールもそれに従ってつくられた。写真も図面も活字も、正確に組み立てられた。整然とした空間、つまり余白が出来た。紙面のレイアウトには、当時明星大学教授で旧友の羽原粛郎さんや玉川大学教授の武井邦彦さんが手伝いに来

『a+u』（1971年1月号）

日記のなかの建築家たち

た。レターヘッドも封筒も名刺も杉浦康平さんがデザインした。

　その時発行された出版趣意書には、自ら次のように書いている——「本誌は世界の建築、都市の現時点での状況を正確かつ迅速に把握するという目標をもって発刊される専門誌である。今日、世界は都市化と情報化の現象のなかに、きわめて流動的であり、稍もすれば錯綜する現象の諸相のなかに事の真実と物の本質を見失いがちであるが、本誌は建築と都市の領域の諸問題を普遍性と客観性にもとづいてとらえ、これを現代的位相のなかに位置づけようという編集方針に沿って、真に意味と価値をもった情報を提供しようというものである。また本誌は特に情報源を国外に求めて、建築、都市の問題を世界的視野に立って眺め、国外の激増する情報を偏向と歪曲の過誤から守りつつ整理し、新たな編集による価値を付与するものである（以下略）」。

　また、丹下健三、吉阪隆正、清家清、川添登、磯崎新さんたちの推薦文も掲載された。だが、趣意書に書かれていることを実現させるために、世界のどこに行って、誰に会って、どの作品を、どのような観点から眺めればよいかに関しては、その時は、まったく予想も見当もつかなかった。そんなことはできるはずがないとわかるまでには数年かかったが、それをまた誰ひとりとして警告する人もいなかった。

　『a+u』は、ただひたすら、世界の建築家の誰彼に手紙を書いた。誰にでも会った。a+u社創立の1970年の日記には、有名無名、さまざまな建築家の名前が登場している。シーザー・ペリ、フェルナンド・イゲーラス、金重業、ロバート・ヴェンチューリ、カール・プルシャ、ポール・ルドルフ、アーキグラム、カール・シュヴァンツァー、ピーター・クック、ハンス・ホライン、アトリエ5、ピーター・グラック、フィリップ・ジョンソン、レイマ・ピエティラ、ジャック・ダイアモンド、バートランド・ゴールドバーグ、グンナー・バーカーツ、ルイス・カーン、B・V・ドー

シ、アノルドメニコ・ピカ、ウルリッヒ・フランツェン、アルヴァ・アールト、ケネス・フランプトン、ジオ・ポンティ、ジェームズ・スターリング、ジョン・ファウラー等々。彼らの作品は、その後ほとんどが『a+u』に掲載された。掲載誌は各国、各人に送られ、それによって『a+u』は少しずつ知られるようになった。

　さらに海外の建築雑誌では滅多にやらない「特集号」という編集手法を積極的に採用した。「アメリカ住宅特集」「英国建築特集」「アメリカの広場特集」などは明らかに日本の市場向けだが、そのほか、有名無名の建築家の増ページ特集号も出版した。「ルイス・カーン特集」「ポール・ルドルフ特集」「シーザー・ペリ特集」「ノーマン・フォスター特集」などは、日本の市場ばかりか、海外の市場でも好評だった。シーザー・ペリやノーマン・フォスターの特集号は、出版当時、彼らが建築界ではまだ無名なこともあって、反響も予想を下回った。しかし、彼らの作品が大型化、公共化するにしたがい知名度も上がり、読者は一斉に「特集号」を購読するようになった。「特集号」は建築家の「作品集」発行への最初の手がかりであった。そのため、「特集号」は建築家本人からの大量注文があった。

4 磯崎特集とカーン特集

　「〈手法〉にかかわる文章がはじめてあらわれたのは、『A&U』誌一九七二年一月号で、このとき、〈AN ARCHITECT IN AMBIVALENCE＝磯崎新〉という特集が組まれた。（中略）裏話をすると、いまでは全世界に知れわたり、世界最良の建築雑誌だという讃辞さえ聞く『A&U』誌は、創刊一年にしてまったく成績があがらず、中村敏男編集長は退陣させられるのではないかと噂され、同時に、約半年間にわたって彼と準備をつづけたこの特集号も、ぽしゃる寸前にたちいたったことがあった――」。

　磯崎さんは、著書『手法が』（美術出版社、1979）の冒頭に、まことしやかにこう書いている。確かに創刊一年目は要領がわからず、右往左往していたことは事実だ。勇ましく「海外に直接取材する」などと言ったものの、海外の事情も知らずに始めたばかりで、そう簡単には出張もできなかった。

　磯崎新さんとは『近代建築』時代からのつき合いであり、なにかと相談に乗ってもらっていた。その頃、彼が言い出した「増幅」「梱包」「切断」

「転写」「射影」「布石」「応答」など、およそ建築とは無関係な、だが鮮やかで、シャープな幾何学的イメージを触発させるヴォキャブラリーは、現代建築を甦生させる方法論だと思われた。デザインの杉浦康平さんとは『都市住宅』からのつき合いであったし、この二人の協力があれば、未曾有の「特集号」が可能だろうと思っていた。

《1971年9月1日 午後7時、磯崎さんの家にゆく。彫刻家宮脇愛子さんに紹介される。やがて杉浦康平さん来る。食事。来年の1月号「磯崎特集」のことを話す。午前2時、帰宅。》

この時は楽観的な気分だった。だが好事魔多し。陥穽は身内にあった。アメリカ旅行中、雑誌の売れ行きが悪いのは杉浦さんのデザインした表紙のせいだとして、編集長の留守を見計らい、経営者が、1971年11月号の表紙のデザインを歪曲してしまった。帰国してみると、見るも無惨な表紙に印刷されていた。——君に恨みはないが、と言って、杉浦さんは『a+u』から去っていった。「磯崎特集」は半身不随の状態になった。

しかし、なんとしても1972年1月号は「磯崎特集」を出すしかなかった。それが最後の砦だった。写真家の田中宏明さんを励まして最新作の写真を撮影してもらった。磯崎さんには論文「なぜ手法なのか」を執筆してもらった。ピーター・クックに書き下ろし原稿を依頼した。ハンス・ホラインは書いてくれなかった。月刊雑誌の規定に沿うよう、有名無実の執筆者による幽霊記事も創作した。制作費の都合で、カラー印刷は不可能だった。そのため、黒の印刷インクの濃度を七段階に分けて、それを無理矢理、七つの手法の頁ごとに割り当てた（注意深く見るとどうやらわかるが）。だから、手法はどうしても七つにしてもらわなくてはならなかった。表紙もデザインしなければならなかった。磯崎さんの著書『空間へ』が青い布製だったので、それに倣って青一色で印刷した。そこにルイス・H・サリヴァンの『A System of Architectural Ornament』から「Impromptu」の一

『a+u』(1972年1月号)

葉を印刷した（「impromptu ＝即興的に」という意味を込めて）。

　だが、特集号のタイトルを「磯崎新特集」とは銘打てなかった。僚誌『新建築』に対して『a+u』は「海外の建築」を取り上げることになっているからだ。「An Architect in Ambivalence」について磯崎さんは一言もしていないが、その頃、磯崎さんは「俺はなまくら四つだよ」と言って、どんな状況にも応じられる設計の姿勢や方法を強調していた。このどっちつかずの、相反するエトスを内包している姿勢や方法を「特集号」の編集コンセプト、いや、磯崎新論のコンセプトにしようとしたのである。それを、「The Architect」ではなく、「An Architect in Ambivalence」とわざわざ一般対象化し、磯崎さんと等号で結びつけたのである。苦肉の策だった。

　磯崎さん自身は、「私個人は、（中略）身辺に予想もしなかった事件が起こり、仕事場は壊滅状態となった。（中略）落ち着いて坐る場所もなく、往復の飛行機のなかで原稿を書くありさまだった。（中略）特集号は無事発刊することができた」[★1] と書いている。雑誌は売り切れ、さすがに磯崎さんの知的影響力は絶大であった。磯崎さんにとっても、そして私にとっても、まさに満身創痍の特集号だった。

＊　　＊　　＊

　その翌年、1973 年 1 月号は「ルイス・カーン特集号」であった。これはまた奇妙な因縁から始まった。日記にはこう記していた。

《1972 年 4 月 28 日　『新建築』の石堂威さんから同級生のチン・ユー・チャンへ手紙を出すように勧められる。ルイス・カーンの事務所で働いているので、彼を通じて資料が入手できるかもしれない。》

　かつて『国際建築』誌が 1967 年 1 月号で「特集＝ルイス・カーン」を

刊行した時、編集者、宮内嘉久さんは前言のなかで「はじめきわめて慎重
だったカーン氏も、たいへん積極的に取り組んでくれた。そして、この資
料の母体は、ニューヨーク近代美術館におけるカーンの初の総合的な作品
展であって、同館の建築・デザイン部長アーサー・ドレクスラー氏の助力
とヴィンセント・スカリー教授の好意によって、この号を組むことができ
た」と書いていた。ドレクスラーやスカリーに協力してもらうのはとても
無理だが、チャンさんなら仲介くらいはやってくれるだろうと手紙を書
いた。

　5月9日、ルイス・カーンとチャンさんへ再度手紙を書いた。ルイス・
カーンからは返事がなかったが、5月17日、チャンさんから返事。数回
の手紙のやり取りの後、8月7日、なんと驚いたことにチャンさんは自ら
ルイス・カーンの資料を抱えて忽然と現れた。資料はすべてオリジナル
だった。パステルで描いたヨーロッパ旅行のスケッチ数十点、一抱えもす
るトレーシングペーパーのスケッチ無数、膨大な白黒写真のプリント、そ
して図面、さらにカーンの書いたテクストまである。その分量からいっ
て、何冊もの特集号が編集できるくらいだった。

　驚愕と同時に不安になった。一体、チャンさんは、どのようにしてこの
資料を入手したのだろうか？ ルイス・カーンは資料を持ち出す許可をチャ
ンさんに与えたのだろうか？ 写真家の掲載許可は取ってあるのだろう
か？ 何をたずねても、チャンさんは説明するでもなく、しないでもなく、
答えは不得要領だった。

　行きがかり上、チャンさんをゲスト・エディターに迎えた。スケッチ、
ドローイングなどは写真撮影して紙焼きにした。テクストは、1971年に
AIAゴールドメダルを受賞した際の講演草稿であることが後でわかった。
特集全体の骨組が定まり、チャンさんはほとんど日参し、執筆者の松下一
之、三沢浩、横山正さんたちが度々来社された。日記には、《12月25日

1973 年 1 月号が出た。分厚く、定価が高い、がともかくカーン特集号は出た。編集や内容や出来映えは問うまい！》とある。翌年の 1973 年 1 月 19 日から銀座、松屋百貨店でカーンのオリジナル・スケッチやドローイングの展覧会が長大作さんの展示で開かれた。

《1 月 22 日　松下一之さん来社。『a+u』1 月号をさんざんに批評する。新しい表紙の悪口から始まり、印刷の悪いこと、解説の不備なこと──「カーンはきっとがっかりするだろうな」。》

悪いのは表紙や印刷や解説ではない。カーンに会った時に感じたあのオーラを表せなかったのは、貴重な資料を安易に入手し、それを安直に浪費してしまったためだ。それはよくわかっていた。だが、松屋のカーン・オリジナル・ドローイング展は大好評だった。そして「特集号」はたちまち二度も増刷された。経営者は大喜びだ。

《1 月 31 日　カーン展が終わった。それにしてもカーン特集号は粗雑だった。》

編集者としての悔いだけが残った。

その後、フィラデルフィアのチャンさんから電話で「カーンが資料を勝手に持ち出されたと言って怒っている」と聞かされた。新居千秋さんにおそるおそるたずねると、「なに、カーンは怒れない人なんですよ。だから秘書に当たっているだけです」と澄ましている。カーン自身からは特集号の感謝の手紙が届き、「あなたにあげたドローイングがあなたの部屋に掛かっているのを、今度、東京に行ったら見たいものです」とあった。

カーン没後、チャンさんから預かったスケッチやドローイング、そして、カーンが約束してくれた大きなヴェネチアの病院のカラフルな図面も、すべてフィラデルフィアの事務所へ返却した。ところが数年経って、倉庫で探し物をしていると、眼の前に一束のドローイングが現れた。それがなんとカーンのスケッチの束だった。その数葉は来日中のコロンビア大学の建築史家ジョージ・コリンズの目にとまり、1977 年、ニューヨーク

のドローイング・センターでの「1960年代の建築、都市計画の幻想的ド
ローイング展（Visionary Drawings —— Architecture and Planning)」に展示され
た。そこには「中村敏男氏より貸与」とあった。

*1──磯崎新『手法が』（美術出版社、1979）

ルイス・カーンの逝去を報道した当時の新聞
（『フィラデルフィア・インクワイアラー』1974年3月20日）

5 ニューヨーク・ファイヴ

1971年10月8日、ひとりニューヨークへ行った。ピーター・グラックがJFK空港に出迎えてくれた。逗留先は、リヴァーサイド・ドライヴのピーター&キャロル・グラック夫妻のアパートだった。ピーターはダウンタウンに事務所を持つ建築家で、彼が東京に在住していた時代からの友人だった。幼かったトーマス（その後、建築家）、ウィリアムス（その後、脚本家）兄弟も同居していた。そこはコロンビア大学に近かった。今や有名なキャロルは、当時コロンビア大学で日本の近現代史を教えていた。

アパートに着くと、外玄関、内玄関、室内用の三つの鍵を渡され、寝室と洗濯機と冷蔵庫のありかを教えられた。あとは朝から夜中まですべて自由。ただ、夜の地下鉄だけは真ん中の車両に乗るよう注意された。その頃は、夜になると地下鉄には常にひとりの警官が搭乗していた。それくらいニューヨークの夜は怖かった。これが最初のニューヨーク体験だった。それ以来、ニューヨークにひとりで行く時の逗留先は、ピーターの家になった。

3年後の1974年4月22日のこと。その日、近所のブロードウェイ116丁目駅から、車体にグラフィティいっぱいの地下鉄に乗って42丁目駅まで下った。タイムズ・スクエアを抜けてブライアント公園に入り、ニューヨーク市立図書館の真向かいにある、40丁目西8番の建物に行った。ここに、IAUS（The Institute for Architecture and Urban Studies、建築都市研究所）、通称"インスティテュート"の事務所があった。

　エレベーターを21階で降り、図書館を見下ろす一番奥の部屋に行く。細縁の眼鏡で胸板の張った、半白の男が座っていた。黒いセーターを裏返しに着て、縞のワイシャツにボウタイをしている。男は一声、威嚇するような大きな咳払いをした。じろりとこちらを睨む。「何しに来たのだ？」まるで挑発するような言い方だった。「それで、編集方針はどういうものだ？」こちらも思わず躍起になって説明する。「ニューヨーク・ファイヴだって？　ふん」。みんなそう言っているのに……。この相手の男がピーター・アイゼンマンだった。彼はおもむろに「Five Architects」と背文字の入った白い正方形の本を取り出した。表紙には、アイゼンマン、グレイヴス、グワスメイ、ヘイダック、マイヤーの名前が縦に並んでいる。扉に「アイゼンマンから中村へ」と書いて渡してくれた（実は前年1973年にヘイダックから送られてきたのだが、それについては黙っていた）。

　彼らの名前を最初に知ったのは、1972年3月号の『プログレッシヴ・アーキテクチャー（Progressive Architecture）』誌だった。『a+u』でも、同年9月に「アメリカ現代住宅特集号」として、ヘイダックを除く四人の作品を紹介しており、そこには、『プログレッシヴ・アーキテクチャー』に掲載されたマリオ・ガンデルソナスの論文、「建築を読む（On Reading Architecture）」の翻訳を掲載した。その頃の日記には、《7月16日　アイゼンマンの論文を読む》《8月1日　マイヤーの住宅の解説を書く》《8月7日　グレイ

ヴスより資料届き、中村敏男へと献辞のついた版画あり》と記入されている。この「アメリカ現代住宅特集号」では、ニューヨーク近傍に建てられた住宅を——その後「ホワイト」と呼ばれるようになったとも知らず——鮮やかなカラー写真によってきわめてフォトジェニックに紹介した。

　誌面で一番印象的だったのは、濃緑の木立を背景にしたル・コルビュジエ風の真っ白い直方体の、リチャード・マイヤーの住宅であった。杉板を貼った木造の建物であったが、日本にもようやく浸透してきたコンクリート打ち放しの住宅に慣れすぎた目には、一陣の涼風のように爽やかであった。1920年代のモダニズムの白い形態へのノスタルジアさえ感じさせた。三沢浩さんは「こんなものに騙されるなよ」と批判的であったが、マイヤーの住宅も、グレイヴスのキュビスム風コラージュ住宅も、グワスメイの凹凸の多い直方体の住宅も、とりわけ、白い雪原に模型のように建っているアイゼンマンの住宅も、どれも木造住宅であることを失念するくらいフォトジェニックな形態を持っていた。

　その後、グワスメイがロング・アイランドに芸術家の両親のために建てた二軒家を見に行ったが、海を見下ろす何もない砂丘を背景に建つ、縦割りの杉板を貼った空間の出入りの多いこの住宅には、忘れかけていた立体幾何学を思い出させるような清潔感があった。

　さらに、ガンデルソナスが解説するセマンティック（意味論）やシンタクティック（統語論）という人心を惑わす言語学用語は、ようやく構造主義への関心を持ち始めた日本の若い建築家たちの知的レヴェルに強くアピールした。

　続く『a+u』1972年10月号では、1971年『CASABELLA』誌 No.359-60に掲載されたアイゼンマンの論文「コンセプチュアル・アーキテクチュア——その概念規定への試み（Notes on Conceptual Architecture: Toward a Definition）」の翻訳を掲載した。「コンセプチュアル・アーキテクチュア」

『ニューヨーク・タイムズ』（1973年11月26日）

5 ニューヨーク・ファイヴ

という用語は若い建築家の間に燎原の火のように広がった。立て続けに11月号でマイヤーの住宅3題、グレイヴスの住宅2題を掲載した。

　翌1973年、《9月18日　ジョン・ヘイダックからクーパー・ユニオンの資料と1972年出版の『Five Architects』という白い正方形の本が送られて》きた（最初、ヘイダックの発音がわからず、ピーター・グラックも妙な読み方をしていた）。これで5人の建築家が「ニューヨーク・ファイヴ」と呼ばれていることがわかった。同書にはニューヨーク近代美術館のアーサー・ドレクスラーが序文を書き、コーネル大学教授コーリン・ロウが序章を、コロンビア大学で教え始めたケネス・フランプトンが批評を書いている。それによると、5人の建築家が一堂に集まったのは、1969年5月9日、10日のニューヨーク近代美術館での「ケイス（CASE = Conference of Architects for the Study of the Environment：環境研究建築家会議)」グループの非公開会合の時だったようだ。そこで彼ら5人は互いの作品を見せ合った。アーサー・ドレクスラーは5人の作品を、「いささか大げさだが」と断って、「ニューヨーク・スクール」と呼んでいることもわかった。いわば「ファイヴ・アーキテクト」は、ニューヨークの建築家たちにとっては秘かに燃える熾火のようなものだったが、イェール大学でポール・ルドルフの教えを受けていたピーター・グラックは、アイゼンマンのインスティテュートにも、「ファイヴ・アーキテクト」にも無関心で、グレイヴスの作品を指して、「チューリップのように綺麗な作品だが2、3年で消えてしまうよ」と冷淡だった。

　翌日、地下鉄で34丁目駅まで下って、ブロードウェイの角にあるロバート・スターンの事務所をたずねた。スターンは小作りだがりゅうとした三つ揃えのスーツを着込んだ紳士だった。ニューヨークの建築事情もよく心得ており、話の進め方も手際よかった。1973年5月に出版された雑誌『Architectural Forum』を見せてくれた。そこには「ファイヴ・オン・ファイヴ（五人組対五人組)」と題した11頁の記事があった。「アイゼンマ

ン、グレイヴス、グワスメイ、ヘイダック、マイヤー等5人の作品が、スターンが組織した別の5人の建築家によって批判されている。これは最近の建築情勢を認識するのに絶好のチャンスではあるまいか」と記されていた。

スターンが糾合した5人とは、彼自身も含めて、ジャクリーン・ロバートソン、チャールズ・ムーア、アラン・グリーンバーグ、ロマルド・ジョゴラである。二組のチームはまったく反対の立場に立ち、前者がル・コルビュジエを守護神として立てれば、後者はカーンやヴェンチューリを本尊としていた。

数日してフィラデルフィアでロバート・ヴェンチューリに会った。その時にこの話をすると、背中をまっすぐに立てた彼は口をへの字に曲げて一言、「Storm in a teapot（内輪もめさ）」と呟いて問題にもしなかった。

多分「ニューヨーク・ファイヴ」の盛名を一層高めたのはポール・ゴールドバーガーが書いた『ニューヨーク・タイムズ』紙の記事だろう。ゴールドバーガーはイェール大学建築科の出身で、建築欄を担当していた。1973年11月26日に発行されたその記事は「Architecture's 'Big Five' Elevate Form（建築五人組の上機嫌）」と題した一面記事だった。5人の顔写真をまるでギャングのように並べ立て、「ニューヨーク・ファイヴ」をヨーロッパ指向、理想主義的傾向、もうひとつの「ファイヴ」をアメリカ指向、実践主義的傾向と二極化し、さらに前者を「ホワイト」、後者を「グレイ」と命名した（ホワイトと呼ばれるのは5人が模型をつくるのに白いカードボードを使い、グレイと呼ばれる5人は褐色のカードボードを使うからだという冗談もあった）。こうしてホワイトの「ニューヨーク・ファイヴ」ともうひとつのグレイの「ニューヨーク・ファイヴ」との対立は「ファイヴ・オン・ファイヴ（五人組対五人組）」の論争を巻き起こして、ニューヨークの建築界に一層活気を与えることになった。三沢さんの警告を無視し、ピーター・グ

ラックの予想にも反して、『a+u』は「ファイヴ・オン・ファイヴ」の渦
のなかに巻き込まれることになった。

6 "インスティテュート"（IAUS）

1970年代の"インスティテュート"は、さまざまな人たちとの出会いの場を提供してくれた。1974年4月27日、その日もピーター・アイゼンマンと話し合っていると、のっそりと坊主頭の男が顔を覗かせた。マーロン・ブランドそっくりな風貌で、にこりともせず部屋に入ってきた。アイゼンマンはむっつりとしたまま。男は「俺はチャールズ・グワスメイだよ」と一言。厚い胸板、日焼けした顔、筋骨逞しい体格——この人が後年（2009）癌で亡くなるとは思いもしなかった。——「お前、事務所へ来るだろ？」それだけ言って出て行った。どうやら『a+u』がニューヨークに来ているという情報はここからあちこちに伝えられているらしい。

「お前、ジョン・ヘイダックに会ったか？」「いや、まだだ」「じゃ、今、電話しろ」と受話器を差し出す。受話器の向こうで、ヘイダックのやや甲高い声が聞こえた。万事この調子だった。帰りがけ、隣の部屋から禿げ上がった額に金縁の眼鏡の男が口元に笑みを浮かべて声をかけてきた。マリオ・ガンデルソナスだった。彼はきっと、出版されたばかりの雑誌『オポ

ジションズ（OPPOSITIONS）』の創刊号を私に差し出した。「こっち」と彼が手招く方に向かって別室に入ると、顔中髭だらけの男が笑いながら挨拶してきた。アンソニー・ヴィドラーだった。この日知り合った人たちとは、以来、四半世紀以上もつき合うことになった。

　そもそもインスティテュートとは何か？　インスティテュートからは何冊も「案内書」が発行されている。（発行年不記載だが、たぶん最初の、総頁17の）「案内書」を見ると、「インティテュートは建築、都市デザイン、都市計画など相互関連する領域を研究、設計、教育する独立法人であり、1967年ニューヨーク州立大学評議会の認定を受けた」と明記されている。

　設立の背景には、1967年前半、ニューヨーク近代美術館（MoMA）で開催された展覧会「新しい都市：建築と都市の再生（The New City: Architecture and Urban Renewal）」があった。そこに参加した建築家のうち、近年の建築教育に不満を抱いた者たちが会合し、グラディエイト・エデュケーション（専門教育）こそ喫緊の課題であると合意した。それがきっかけとなり、ニューヨーク近代美術館の建築・デザイン部や、その他二、三の協会の援助を受けて、「財政的に独立した研究所」が設立された。これがインスティテュートである。

　1979年に発行された「案内書」は、全頁マッシモ・ヴィネリによるデザインで、頁数も44と増頁している。そのなかの組織図が示すように、インスティテュートの構成は、「教育活動」「出版などの文化活動」「研究ならびに活動」の三部門に組織化されていた。理事には著名人を何人も抱え、創立会員には、ニューヨークの知的建築家たちが顔をそろえた。おそらくその頃が、インスティテュートの最も活動的な時期だったのではないだろうか。展覧会が開催され、そのたびにカタログが出版された（1976年から1982年までに18冊のカタログが出版された）。そして、機関誌『オポジションズ』が発行された（第1号から第25号までは、コーリン・ロウ、ピーター・アイ

ゼンマン、ケネス・フランプトン、アンソニー・ヴィドラー、ダイアナ・アグレスト、マリオ・ガンデルソナスの編集。第26最終号だけは、ヴィドラー、アグレスト、ガンデルソナス、三人の編集による)。

　また、インスティテュートとは独立して、批評雑誌『オクトーバー(OCTOBER：十月)』が、ジェレミー・ギルバート・ロルフ、ロザリンド・クラウス、アネット・マイケルソンの編集により発行された。『オクトーバー』という誌名は、無論、十月革命から来ている。さらに、建築新聞『スカイライン(Skyline)』も発刊された。そこには月々の出来事や、たとえばフランプトンの滞日日記などが掲載された。また、「オポジション叢書」も出版された。刊行されたのは、アラン・コフーン『建築批評集：近代建築と歴史的変化』(Essays in Architectural Criticism: Modern Architecture and Historical Change, 1981)、アルド・ロッシ『学術的自叙伝』(A Scientific Autobiography, 1981)、アドルフ・ロース『虚空に向かって語る』(Spoken into the Void: Collected Essays 1897-1900, 1982)、モイセイ・ギンズブルグ『様式と時代』(Style and Epoch, 1982)、アルド・ロッシ『都市の建築』(The Architecture of the City, 1982)の5冊だった。また、頻繁に公開討論会が開かれた。

　最近の研究によると[1]、インスティテュートは、おそらくピーター・アイゼンマンが(独り占めで)コーネル大学とニューヨーク近代美術館の評議員の支持を取りつけ、設立されたのだという。コーネル大学出身であるという背景や、インスティテュートでのアイゼンマンの独占的支配を見るにつけ、けだし、この見方が妥当かもしれない。

　と、ややこしいことはともかく、初めてインスティテュートを訪れた時には、生徒らしい人影を見かけることもなく、また、教室らしい部屋もなかった。わずかに展示ホールがあるだけだった。

　1974年5月3日、ボストン、ニューヘヴンを回ってニューヨークに

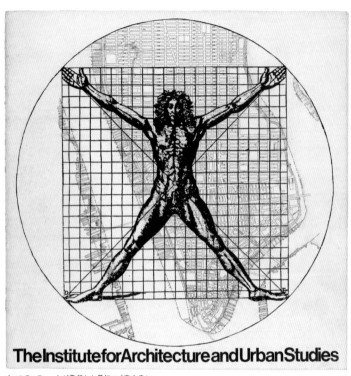

インスティテュートが発行した最初の「案内書」

戻ってくると、「今日は公開討論会があるから、お前も出ろ」とアイゼンマンが言う。その時の討論会の議題は、ミース・ファン・デル・ローエについてだった。インスティテュートのホールの座席に着くと、周囲にはそれらしい顔ぶれが揃っていた。アーサー・ドレクスラーのしかつめらしい顔や、ミース文庫[*2] のルートヴィッヒ・グレイザーの顔も見えた。黒縁の眼鏡に瀟洒な服装の人物はフィリップ・ジョンソンだろう。当然コーリン・ロウもいた。

　討論会が終わってから、おそるおそるジョンソンに近づいて、自己紹介

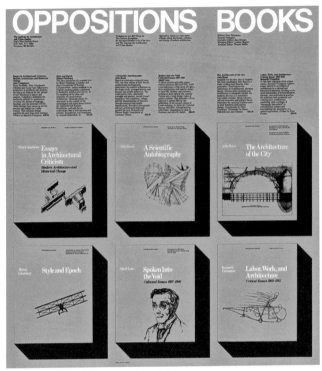

「オポジション叢書」広告，マッシモ・ヴィネリのデザイン

　すると、「なにっ？　ジャーナリストだ？　なにを遠慮する！　明日、事務所
に来い！」とせかせかした口調で言う――なるほど、近代美術館勤務時
代、いつも廊下を駆けていたという人らしい口ぶりだ。翌日、パーク・ア
ヴェニューのシーグラム・ビル16階の事務所をたずねると、当時、パー
トナーだったジョン・バギーに紹介された（その後のバギーの所業については
ジョンソンは当初口を閉ざしていたが、後で聞けばインスティテュートの財政に関する
ことだった）。ジョンソンと二人だけで同館2階にあるレストラン「フォア・
シーズンズ」へ昼食に行った（余談だが、彼の定席は常連客の部屋の隅で、昼食は

6 "インスティテュート"（IAUS）

決まってクラブミート・パンケーキだった)。こういうつき合いは、ジョンソン
が亡くなる前まで続いた。

　コーリン・ロウに初めて会ったのもインスティテュートだった。先の討
論会の翌朝早く、インスティテュートに行ってみると、エレベーター・
ホールでばったりコーリン・ロウに出会った。自己紹介を済ませると、ロ
ウはインスティテュートの部屋へ私を招じ入れた。性格俳優トーマス・
ミッチェルみたいな顔つきで、ツイードのジャケットに背中を丸め、葉巻
を手にし、指先が少し震えていた。論文「透明性 (Transparency)」を翻訳
したいのですがと申し入れると、雑誌『パースペクタ (Perspecta)』誌に掲
載されたテクストは編集者が勝手に改竄したものだから、別のものを送ろ
うと言う。お世辞のつもりで、「あの論文は難しいですね」と言うと、
「えっ、どこが？」と食い下がられた。翻訳の際、題名にふせられた
Phenomenal を「虚」、Literal を「実」と訳したが、あれは素直に「現象
として」「文字通りに」とすればよかったと今では思う。アンドリュー・
ベンジャミンによると[★3]、ロウのテクストはレトリックに富み、両義性を
備え、容易に理解できるものではないそうだ。そういうテクストを読ん
で、日本語に翻訳するとなると、とんでもない誤解、誤訳は避けられな
い。案の定、「透明性」の翻訳はさんざん叩かれた。しかし、伊藤ていじ
さんから「誤解をおそれるな。日本文化は誤解の上に成り立っているのだ
から」とそそのかされていたため、果敢にも、誰も手をつけていない著作
や論文の翻訳に挑んだ。——こっそりコーリン・ロウにフィリップ・ジョ
ンソンのことを聞いてみた。「No, I don't like his works but happen to like
him（作品は嫌いだが、人間は面白いよ）」だって！——その後、1975年、ロン
ドンでピーター・クックの主宰するアート・ネットギャラリーで再びコー
リン・ロウに出会った。また、1977年2月14日付で、著書『The
Mathematics of the Ideal Villa and Other Essays（理想的ヴィラの数学他エッセ

ィ)』★⁴を贈られ、その後出版された『Collage City』の時と同様、翻訳を慫慂されたが、さすがに断った。

　インスティテュートでは、ほかにもなかなか知り合えない人たちに出会えた。ピーター・M・ウルフにも会った。彼は都市計画家で、理事のひとりだった。温厚な紳士で、著書『ウジェーヌ・エナールとパリ市の都市計画の始まり1900-1914 (Eugène Hénard and the Beginning of Urbanism in Paris, 1900-1914)』の抄訳を許可してくれた。また、ラファエル・モネオと最初に会ったのもインスティテュートであった。彼はその頃、設計活動はわずかで、『オポジションズ』に論文を書いていた。ロンドンのAAスクールの学長アルヴィン・ボヤスキーと会ったのも、ケネス・フランプトンに会ったのも、マイケル・グレイヴスに会ったのも、レオン・クリエに会ったのも、オランダの建築史家ヘリット・オルトフースに会ったのも、いやレム・コールハースと最初に会ったのもインスティテュートだった。彼らはそれぞれの「本拠地」を持っているからだろうか、なぜかインスティテュートでは落ち着かず、本音を話していない印象だった。フランク・O・ゲーリーがこっそり言った──インスティテュートと言っても、ありゃピーターのシマ（マフィア）だからな。

　やがて、インスティテュートは変わっていった。1982年からアイゼンマンに代わってヴィドラーが理事長となった。そして1983年からはガンデルソナスに変わった。その前後に発行された「案内書」を見ると、「建築、都市計画、都市デザイン、そして芸術の諸領域の研究と研修と批評の非営利的センター」となっている。理事には、ジョン・バギーをはじめ、フィリップ・ジョンソン、ヘンリー・カブ、フランク・O・ゲーリー、ポール・ケノン、フィリス・ランバート、シーザー・ペリ、ケヴィン・ローチ、ポール・ルドルフ、磯崎新まで擁している。公開討論会のパネリストには『ニューヨーク・タイムズ』の建築担当記者ポール・ゴールド

バーガー、建築史家のヴィンセント・スカリー、そしてスイスの建築史家
カート・フォースターまでもが収まっている。

　　そして、1984年に刊行された「案内書」では、インスティテュートは、
場所も西ユニオン・スクエアへ引っ越し、理事長はスティーヴン・ピー
ターソンとなり、まったくの建築講習学校になってしまった。『スカイラ
イン』も『オポジションズ』も廃刊になり、オポジション叢書も5冊で
終止符を打った[★5]。このあたりの経緯はマイケル・ソーキンの著書に詳し
く説明されている[★6]。指導権をめぐっての内紛があって、アイゼンマンは
憤然とインスティテュートを立ち去った。その後彼からは、「これからは
（論文を）書くのではなくて、（建物を）つくるのだ」と悔し紛れのような、
威勢のいい言葉を何度か聞かされた。彼と会う場所も25丁目の彼自身の
事務所になった。そして『オポジションズ』に代わって1981年から創刊
されたドイツの『ダイダロス（DAIDALOS）』が関心を集め出した。

★1──　Kim Forster の 2008年 ETHZ、Ph.D 論文。なお、2010年に Suzanne Frank による 『IAUS:
An Insider's Memoir』が刊行された。

★2──ミース文庫……ニューヨーク近代美術館に付属する Mies van der Rohe Archive。ミースが米国
に亡命する時に所持していた図面一切を管理している。

★3──　AA スクール Graduate Program 論文。

★4──邦訳は『マニエリスムと近代建築』（伊東豊雄＋松永安光訳、彰国社、1997）。

★5──ケネス・フランプトンの『Labour, Work and Architecture』は、2002年に Phaidon Press から
出版された。

★6──　Michael Sorkin, *Exquisite corpse*, pp.109-110.

7 ホワイト・アンド・グレイ

　『a+u』1975 年の 4 月号は「ホワイト・アンド・グレイ」の特集号で
あった。このネーミングは、ポール・ゴールドバーガーによるとあまり
しっくりこないらしいのだが、人目を引いたことは確かで、雑誌はよく売
れた。一体、誰がこのネーミングのついた企画を思いついたのか？ ロバー
ト・スターンと話をしている時、自ら思いついたのだったか？ いや、そ
う言い出したのはスターンかもしれない……その間のことは、1974 年か
ら 75 年の日記には書いてない。

　スターンは、ともかく自分ひとりではなく、ピーター・アイゼンマンも
引き入れようと言った。こういう機転、気づかいが、この人の生得的な性
格だ。かくして彼ら二人をゲスト・エディターとする特集号になった。

　折しも、1974 年 5 月 2 日から 4 日間、カリフォルニア大学ロサンゼル
ス校（UCLA）では、パサデナ近代美術館と提携して、同校建築・都市デ
ザイン部長ティム・ヴリーランドが最初の「ホワイト・アンド・グレイ」
会議を企画しようとしていた。その成果を特集号の資料にして編集するこ

とが決まった。こうして出来上がったのが、特集号「現代アメリカの建築家 11 人　WHITE AND GRAY」である。

　会議に参加する「ホワイト・アンド・グレイ」のメンバーは、ホワイト側からピーター・アイゼンマン、マイケル・グレイヴス、チャールズ・グワスメイ、リチャード・マイヤー、そしてジョン・ヘイダック（彼はアエロフォビア、いわゆる飛行機恐怖症だった）に代わってシラキューズ大学のウェルナー・セリグマン。グレイ側からロバート・スターン、チャールズ・ムーア、ジャクリーン・ロバートソン、それにロマルド・ジョゴラとアラン・グリーンバーグは出席せず、代わって、ティム・ヴリーランド、それから後年、ヴリーランドの後を襲って部長となったリチャード・ワインシュタインである。ほかに、ロサンゼルス在住の建築家シーザー・ペリ、クレイグ・ハジェッツ、アンソニー・ラムズデン、それにヒューストンから（ライス大学とコーディル・ローレット・スコット事務所勤務の）ポール・ケノンがホスト役として加わった。彼らは「ホワイト・アンド・グレイ」に対して「シルヴァー（銀色派）」と呼ばれた。彼らのつくる建物が金属質の表面をしているからだという。興味深いのは、ハジェッツ以外のペリもラムズデンもケノンも、三人とも、エーロ・サーリネンの事務所出身であること、そして大組織事務所の幹部建築家であることだ。会議での議論は、スターンによれば「雑誌などが吹聴するような二極対決といったものではなく、会議ではむしろ順調な話し合い」[★1]だった。

　『a+u』の特集号にまとめ上げるに当たって、アイゼンマンとスターンは「ホワイト・アンド・グレイ」のメンバーをさらに改めた。ホワイト側のジョン・ヘイダックに代わるウェルナー・セリグマンはそのままだが（ロバート・スターンはヘイダックが嫌いだった）、グレイ側は、ヴリーランドに代わって、プレンティス・アンド・チャン・オールハウゼン事務所のT・メリル・プレンティスとジャクリン・T・ロバートソン（後年、アイゼンマン

「ル・コルビュジエ最後の晩餐」、『a+u』特集号のために描いたもの
（イラスト：T・メリル・プレンティス　出典：『a+u』1975年4月号）

　と共同して事務所を設立した）、そして、ジョヴァンニ・パサネラが加わった。
「特集号」に掲載されている両メンバーの肖像スケッチには、さらにル・
コルビュジエとロバート・ヴェンチューリが加わっている。スケッチを見
ると、ル・コルビュジエを中心に、ダ・ヴィンチの「最後の晩餐」を摸し
たホワイト・アンド・グレイの使徒たちの（最後ならぬ）「最初の正餐」が
始まったところが描かれていた。また、スケッチには顔を見せていない
が、介添役としてホワイト側からコーリン・ロウ、グレイ側からヴィンセ
ント・スカリーが加わった。このように、ホワイトとグレイ、さらにはシ
ルヴァーさえも見事に糾合できたのは、アイゼンマンとスターンという二
人の卓抜した組織能力と周到な布陣作戦と――そして、やや強引な折衝
に懸かっていた。
　調べてみると、彼らは、すでに30代からこうした折衝力を見事に発揮
していたらしかった[2]。アイゼンマンは、ケンブリッジ大学博士課程を終
えて帰国し、プリンストン大学で教職に就いていた1964年、アメリカ東
部の大学出身者たちを集結する知的組織をつくろうと企画した。「もう残
されているのは何もない、ひたすらイデオロギーにすがるだけだ」――

アイゼンマンはそう語ったという★3。

　彼の構想は、その年の5年前（1959）に消滅したばかりのCIAM（近代建築国際会議）★4に範を取っていた。アイゼンマンは、まずフィラデルフィア出身のロバート・ヴェンチューリやティム・ヴリーランドに声をかけた。ニューヨークのジョヴァンニ・パサネラとジャクリーン・ロバートソンに接近し、MITではスタンフォード・アンダーソンとヘンリー・ミロンに接触した。クーパー・ユニオンのジョン・ヘイダックとロバート・スラッキーにも交渉した。ボストンからは、一時籍を置いたコールマン・マッキンネル事務所の上司マイケル・マッキンネルにも出席を求めた。さらにコーネル大学のコーリン・ロウやイェール大学のヴィンセント・スカリーといった歴史家にも出席を懇願し、当時、英国の雑誌『アーキテクチュラル・デザイン（Architectural Design）』誌の技術担当編集者であったケネス・フランプトンにも協力を依頼した。

　そうして彼らはプリンストン大学のローリー館に集まり、最初の「環境研究建築家会議（Conference of Architects for the Study of the Environment）」を開催、それを通称「ケイス（CASE）」と呼んだ。この会合が、後年のインスティテュート設立に繋がった。

　1969年、今度はアーサー・ドレクスラーを仲立ちとして、同館の後援によってケイス会議が再開された。その結果が著書『ファイヴ・アーキテクツ』の出版につながったことは、先述したとおりだ。それはまた「ニューヨーク・ファイヴ」の誕生でもあり、「ホワイト」の形成となったわけである。

　一方、ロバート・スターンはコロンビア大学を経て、1960年代前半、イェール大学大学院に在学中に、雑誌『パースペクタ』の編集に参加、建築の情勢や動向に縦横無尽に対応し、反応する情報収集や処理に優れた能力を見せていた。卒業後しばらくリチャード・マイヤーの下で働いたが、

1965 年、ニューヨーク建築連盟から請われて、若い世代の作品を紹介する展覧会を企画することになった。その時、彼の後見人となったのがフィリップ・ジョンソンである。展覧会は「フォーティ・アンダー・フォーティ」と名づけられ、ロバート・ヴェンチューリ、チャールズ・ムーア、ロマルド・ジョゴラたちが紹介された。

　かくして、スターンは 60 年代から 70 年代にかけて活躍した若い建築家たちの領袖となった。そして、スターンは 1977 年『a+u』1 月号で「アメリカ建築の新世代──フォーティ・アンダー・フォーティ（40 才前の建築家 40 人）」特集号を編集することになった。こうしてスターンの勢力圏は一段と拡大した。

《1975 年 10 月 2 日　朝 10 時、ボブ・スターンに会う。ジョン・ハグマンも同席。スターンの著書『ジョージ・ハウ：近代アメリカ建築をめざして（George Howe: Toward a Modern American Architecture)』を貰う。12 時 30 分、フィリップ・ジョンソンとジョン・バギーに会う。フォア・シーズンズでの昼食の時、ジョンソンはいきなり『ジョージ・ハウ』の本を手にとって、乱暴に、73 頁から 78 頁にかけての欄外に鉛筆で棒線を引き、ここが大事だぞと言う。》

　なるほどそこには、1927 年頃からようやくアメリカがヨーロッパとは異なる文化圏であることが認識され始めたとある。丁度オスヴァルト・シュペングラーの『西欧の没落（Der Untergang des Abendlandes)』が流行し始めた頃で、スターンは、ほかの誰よりもジョージ・ハウを取り上げることによって、アメリカニズム（親米主義）に焦点を当てようとしたのだろう。

　1976 年、「ホワイト・アンド・グレイ会議」は再度、ニューヨークのインスティテュートで開かれることになった（東京でもアメリカ文化センターの主催で「ホワイト・アンド・グレイ」と題するシンポジウムが開かれ、磯崎新がアメリカ国旗をアレンジしたネクタイ姿で現れ、司会をした）。折も折、ニューヨーク近代美術館では、アーサー・ドレクスラーが主事となって「ボザールの建

築」展が開催されたところで、インスティテュートでもこの展覧会をめ
ぐってシンポジウムが開かれた。「ボザール展」を見たスターンは得たり
賢しとばかりに、当時の風潮を「モダン・ムーヴメントを乗り越える
(Beyond the Modern Movement)」ものと受け止めた。直ちにアイゼンマンは
反発、『オポジションズ』誌に論文「ポスト機能主義」を発表した。アイ
ゼンマンとスターンが仕組んだ「ホワイト・アンド・グレイ」会議は、単
なるアメリカ東部の知的建築家集団の会合ではなく、実は、彼ら自身が
70年代へ向けての建築概念の発生装置であって、「ポスト・モダニズム」
も「ディコンストラクティヴィズム」も早くも指呼の間にあった。

　しかし、その後の建築的展開から見ると、アメリカ現代建築の影の推進
者は、もはや、ル・コルビュジエでも、モダニズムでも、機能主義でもな
く、「シルヴァー」と呼ばれた建築家たち、組織系建築家たちではなかっ
たか。SOM、DMJM、HOK、KPF、CRS、NBBJ[5]など、イニシャルで
呼ばれる組織事務所の活動がようやく透けて見えてきた。

[1]—— Robert Stern, 'Gray Architecture as Post-Modernism or Up and Down from Orthodoxy',
L'Architecture d'Aujourd'hui, 186, 1976.

[2]—— Kate Nesbitt, Theorizing a new aganeda for architecture, 1996.

[3]—— Magali Sarfatti Larson, Behind the Postmodern Facade, 1993.

[4]—— CIAM 近代建築国際会議（Congrès International d'Architecture Moderne）……ル・コルビュ
ジエ、ジークフリード・ギーディオンらによって組織された近代建築および都市計画に関する国際会議の
こと。1928年から1959年まで各国で11回開催された。

[5]—— SOM = Skidmore-Owings & Merrill、DMJM = Daniel-Mann-Johnson & Mendenhall、HOK
= Hellmuth-Obata & Kassabaum、KPF = Kohn-Pedersen-Fox、CRS = Caudill-Rowlett-Scott、
NBBJ = Naramore-Bain-Brady & Johanson

8 『a+u』の写真家たち

　『a+u』創刊当時の関心事と言えば、編集方針をどうするかよりも、ま
ず、写真をどう入手するかであった。写真は建築雑誌にとって必要不可欠
だった。周囲の人たちはいたって呑気で、写真なんて、建築家から送って
きますよと嘯いていた。しかし誌面に落とし込むまでは実際はそう容易で
はなかった。

　当時『a+u』に掲載された写真は確かに海外の建築家から送付されたも
のだった。資料を請求するとモノクロ写真のプリント、図面のプリント
（時に大判も）、簡略な説明文、詳細な履歴書、ポートレイト、事務所経歴書
が（無料で）送られてきた。写真は8×10の黒白プリントが主で、カラー
写真は少なかった。普通、8×10の紙焼きのなかから、一頁大に引き伸
ばせるものを探し、それを中心にレイアウトを考えて頁構成をつくった。
ところが海外からの建築写真はとにかくレイアウトしづらいのである。ど
うしてだろうと思った。

　そんな時、たまたま東京工業大学篠原研究室に留学していたアルゼンチ

ン人建築家が編集部をたずねてきた。その頃、彼は日本の建築空間の特性に関する論文を書いていた。驚いたことに、その主題の分析に二川幸夫の写真を利用していると言う。彼の説明はこうだ。「二川さんの写真は、しばしば建物の正面を直角に見る視点から撮影されている。建物の側面を撮る時も、側面を直角に見る位置から撮影している。これは日本建築が、縦方向にも、横方向にも、手前から垂直面を奥へ平行移動させて空間を形成しているからだ」。

コーリン・ロウとロバート・スラッキーの論文「透明性」のなかでル・コルビュジエのガルシュの家を例に引いて説明した「現象としての（虚の）透明性」のことである。そうすると、海外の建築写真がとかく建物の正面と側面との相関関係を説明するような角度から撮影されているのは、ジークフリード・ギーディオンが著書『空間、時間、建築』のなかで言う「波動する壁」や「自由な平面」によって建物が規定されていることを明示するためなのだろうか。日本の建築写真は建物の「平面性」を強調させながら平面を「断絶」させているのに、海外の建築写真は「斜行性」を強調させて平面を「並列」しているというわけか？　その後、東工大にいた篠原一男さんに会った時、そのアルゼンチン人の論文の成果をたずねると、「あれは学術論文じゃありません」と、ぴしゃりと言われた。

やがて建築家から、使用した写真の代金を支払えと言われて、エスト・フォトグラフィック社の連中や、リチャード・エンチック、ポール・オッーショル、アラステア・ハンターといった英国や米国の建築写真家たちと直接関わることになった。彼らの建築写真は間違いなくプロフェショナルな写真であった。しばしば写真家から作品を売り込まれることもあった。そのお蔭で『a+u』は次第に写真中心の建築雑誌になっていった。しかし『a+u』の紙面に鮮やかなイメージを与えてくれたのは、建築写真家の写真ではなく、建築家の撮影した写真そのものであった。

＊　＊　＊

《1972 年 1 月 13 日　松下一之さんがジョン・ニコレを連れてくる。アメリカ人の建築家で、ネパールで撮影した写真を見せてくれる。》

　ジョンはペンシルヴァニア大学建築科出身で、ヨーロッパはもとより、インドやネパールに滞在し、建物や風景を巧みなスケッチに描き、35mmのカメラで見事な映像に留めていた。ネパールからの帰国途中、東京に立ち寄ったのだった。その時見せてもらったスライドには、ネパールの町々の井戸に集まった色とりどりの衣装を着た女たちの姿や、風俗や生活がうつり込んでいた。それは「正面性」や「斜行性」などに関わりなく、建物と人々が織りなす風物だった。素早く、そして鋭い彼の感性が一瞬のうちに切り取った映像であり、「目のポエジー」とでも言ったところだ。早速、「ネパールの井戸」のレポートを『a+u』に掲載したが、聞けば、ほかに

ジョン・ニコレからの年賀状

も「マチュピチュの城塞」のスライドがあると言う。コンヴェンショナルな建築写真から解放されたような気がした。写真に添えた彼の文章はまた簡潔で、詩的だった。

　やがて彼は「特集号」のための写真を撮影するようになった。ロサンゼルス特集号の時は、フランク・O・ゲーリーの自宅の写真を撮った。(二度目の)ルイス・カーン特集、チャールズ・ムーア特集。そして1979年のフィリップ・ジョンソンの特集号の撮影もした。この時は二人でニューヨークに行き、ジョンソンに会った。「ジョンの写真は二川のようなヒロイズム(建築家を英雄視する)の写真ではないですよ」とまず断った。

　ロサンゼルスに行くごとに、ひとり住まいの彼のコンドミニウムに滞在した。彼は若い頃から重病を抱えており、健康上の問題で結婚はできなかった。ジョンの運転で、パサデナのギャンブル邸に泊まりに行ったり、ラ・ホヤの海岸にあるカーン設計のソーク研究所をたずねたり、サンタ・バーバラまで足を延ばしてチャールズ・ムーアのカリフォルニア大学クレスジー・カレッジも見に行った。荒野を横切って州立公園の「ラ・プリシマ修道院」の廃墟も見た。しかし、ジョンの重病はますます重くなるばかりで、時々、「話をしたり、写真を撮っていると苦しいのが忘れられるんだよ」と呟いていた。そして1979年、ジョンの父親から、彼が亡くなったという手紙を貰った。ショックだった。彼の遺したフィルムやスケッチは現在ペンシルヴァニア大学に保管されている。

＊　＊　＊

　ジョン・ニコレが亡くなって落胆していた頃、ヴェネチアでアントニオ・マルチネッリに会った。1980年6月のことである。ヴェネチアに着くと、彼のほうから電話がかかってきた。小柄で、浅黒い顔、黒い頭髪、

活発で、物怖じなどしない。ヴェネチア建築大学出身で、建築史家フラン チェスコ・ダル・コと親しかった。マルチネッリは、その頃、やっと建築 写真で生計が立てられるようになったらしく、無理をして私と家内を有名 なトラットリーア「マドンナ」へ招待してくれた。マルチネッリの35mm の写真は色彩の配色が抜群によく、構図がダイナミックで、背景と人間が 巧みに取り合い、とりわけ風景が美しかった。建築写真に新機軸を打ち出 しているようだった。それは「目のドラマ」とでも言えようか。なかなか の商売人で、抜け目なく請求書を送ってきた。

　やがて彼はアルド・ロッシをはじめ、現代イタリア建築の撮影を手が け、つぎつぎに『a+u』の誌上に発表した。ロッシの「世界劇場 (Teatro del Mondo)」の写真は『a+u』ばかりか多くの一般雑誌、専門雑誌に発表さ れた。カルロ・スカルパの特集号、マリオ・ボッタの特集号など、すべて 彼の写真だった。

　さらに1990年、『a+u』別冊として企画した「20世紀の建築と都市」 シリーズの第1巻『パリ』では、建築史家ジャン=ルイ・コーエン、同じ く歴史家のモニック・エルブ夫人と協力して、パリの近代建築を撮影し た。1991年の第2巻『ミラノ』では、歴史家フランチェスコ・ダル・コ、 セルジオ・ポラーノと協力して、ミラノの近代建築を撮影してくれた。第 3巻『ニューヨーク』は別だが、続く第4巻『ロンドン』は彼に撮影して もらう予定だった。しかし、諸般の事情で中止された。彼は家族四人、妻 と娘と息子と一緒に、ヴェネチア、ミラノ、ロンドン、パリと移住した。 その度ごとにわれわれは再会を楽しんだ。

＊　　＊　　＊

1987年12月、臨時増刊号『光の詩学』が出版された。実は執筆者であ

り、撮影者でもあるヘンリー・プラマーとは、その時点では面識はなかった。まったく未知の人物で、プラマーが一方的に写真を送りつけてきたのである。彼はイリノイ大学で、何を教えているか知らないが、建築教育に携わっているらしかった。しかし、送りつけられてきた写真は独特の映像力に満ち、しかも叙情性に富んでいた。フランスの映画評論家ルイ・デリュクの言うフォトジェニーという映画概念を思い起こした。デリュクによれば「フォトジェニーとは瞬間的にものの生命を翻訳する能力」のことである。プラマーはMITで『視覚言語（Language of Vision）』の著者ジョージ・ケペッシュの薫陶に接しており、また、個人的に北欧の光に魅せられて微妙な視角を備えていた。こうした写真がどこまで日本の読者に訴えるかわからなかったが、思い切って臨時増刊号を出版したのである。プラマーと私の間に共有するものは、光という不可分量の建築的要素であった。

　プラマーに初めて会ったのは1988年のシカゴだった。その時の企画が、翌年に出版された、アメリカ住宅の縦断史『可能性の住宅』である。プラマーからは、しばしば書籍を贈られた。（建築家出身の）ロロフ・ベニー撮影の写真を伴ったローズ・マコーレーの著書『廃墟の楽しみ』だの、ウィリアム・カーロス・ウィリアムズの全詩集Ⅰ・Ⅱだの、いずれも不完全なものへの惜しみなき哀悼が込められていた。やがて、サバティカルを利用して来日し、日本建築と光の様相を写真に収め、1995年6月、臨時増刊号『日本建築における光と影』を出版した。そして最近、プラマーは単行本『自然の光と建築（The Architecture of Natural Light, 2009）』をテームズ・ハドソン社から出版した。今にして思うと、プラマーの写真とは、ル・コルビュジエが言ったように、光と建築の接点を瞬間的に生き返らせている。それは「目の思考」と言うに等しい。

＊　＊　＊

1985 年、ニューヨークの工藤国雄さんのアパートで久しぶりにマイケル・モランと会った。彼にはフランク・O・ゲーリーの自宅を撮影してもらったが、実は彼も UCLA で建築を学んだ建築家であり、ゲーリーの事務所では模型の撮影などを担当した。やがてニューヨークに移って建築写真の専門家になった。1994 年 12 月発刊の「20 世紀の建築と都市」第 3 巻『ニューヨーク』は、彼に撮影してもらった。撮影の時は、ニューヨークの四季を捉えるようにと注文した。ニューヨークの都市と建物を一年間、全天候下で撮影することを依頼したのである。その時私の頭にあったのは、吹雪の中、何時間も立ち続けて撮影したというアルフレッド・スティーグリッツの逸話だった。モランはなんとか「雪のニューヨーク」を撮影しようと頑張ったが、あいにく、その年は雪が少なくて撮れなかった。

　しかしその後、1998 年に YKK から出版されたフィリップ・ジョンソンの『ガラスの家（reflecting Philip Johnson's Glass House）』の撮影では、念願の「雪のガラスの家」を撮ることができた。さらにモランはそれだけでは我慢できず、「ガラスの家」の空間の光の変貌にこだわり、幾つもの実験的撮影を試みた。それは「目の実験」と言うに等しい。

＊　　＊　　＊

　ここにもうひとりの写真家がいる。

　《1986 年 6 月 11 日　KLM326 便　11 時 30 分ロンドン発　あっという間にスキポール空港に着く。バゲージ・クレイムのガラスの向こうに、見るからに肉体労働者然とした筋肉質の巨体で、坊主頭、色黒、金壺眼の男が『a+u』を手にかざしている。誰かを捜している。ヤン・デリックだっ！》

　それがヤンとの最初の出会いだった。その後、彼のお陰でオランダのあ

ちこちへ案内してもらったし、ピート・ブロムやヨー・コーネンやヤン・フェルホーフェンとも会うことができた。彼は、昔、船員だったとも言い、建築家だったとも言う。でも今はともかくも建築写真家だと自任している。早速、彼に連れられてアムステルダムの処々方々へ案内された。そして『a+u』の写真が撮りたいと言う。まずは、と言って見せてくれた写真は、素直というか、素朴というか、「あたりを見たままに」撮影したものだった。まさしく「何も見ない目」（ル・コルビュジエの言葉）だった。昔、二川幸夫と撮影した時に注意されたことをそのまま受け売りしてヤンに教えた（邪魔物は取り除くこと、人の出入りは禁止すること、洗濯物は外すこと、窓のカーテンは開けること、扉は閉めることなど。ヤンはその点、ずぼらだった）。そのお陰かどうか、彼はたちまち腕を上げ、今や『アムステルダム・スクール (Amsterdam school, 1991)』や『オランダ機能主義 (Functionalism in the Netherlands, 1995)』などの著者となった。そればかりか後日オランダの建築家を引率して日本建築視察団の団長として来日したのだった。

9 ガラスの家

2007年、米国の出版社、ザ・モナチェリ・プレスから『Glass House』が出版された。同書は1998年にYKK AP社が刊行した『フィリップ・ジョンソンのガラスの家を透かし見る（reflecting Philip Johnson's Glass House）』（非売品）のセールス版である。YKK AP版刊行については次のような経過があった。

1996年、エー・アンド・ユーを退職して、その後もっぱらニューヨークに滞在していたが、実はYKK AP主催の「デザイン・フォーラム」で10年ほどお世話になったYKK社 CEO 吉田忠裕さんに、フィリップ・ジョンソンの「ガラスの家」に関する単行本を私家版として出版しないかと持ちかけ（同社にとっては筋違いの話だったが）、快諾を得たところだった。この話をジョンソンは非常に喜んでくれた。

「ガラスの家」の撮影は、先のマイケル・モランに依頼した。彼は1982年UCLA大学院出身の建築家で、一時、フランク・O・ゲーリーの事務所に勤めていたが、建築写真家に転向したのだった（ゲーリーは「俺が写真の

撮り方を教えてやった」と言っているが）。

　YKK AP 社版『ガラスの家』の出版に関しては、さらに一工夫ほどこした。それは出版の関係者が「ガラスの家」に集合して、各自の役割を確認し、その役割を（-ing をつけて）明記しようという規約である。出版（publishing）は吉田さん、建物（building）はジョンソン、撮影（shooting）はモラン、装幀、割付（book designing）はデザイン事務所 2 x 4 のマイケル・ロック（イェール大学デザイン科教授）、編集と解説（editing-reading）は私、製版と印刷（lithography and printing）はドイツの印刷所 Grafisches Zentrum Drucktechnik。表題にもわざわざ「透かして眺める（reflecting）」の一句を挿入して、「ガラスの家」のガラスの反射（reflecting）と再認識（reviewing）を強調することにした。

　撮影に当たって、モランは「ガラスの家」をひとつの実験の対象と見なした。内部空間と外部空間の相互連結を実験的かつ視覚的に把捉するのもそのひとつだった。定点からの年間撮影もそれだった。雪に埋もれた「ガラスの家」を見たいというのは私の希望だった（ディヴィッド・ホイットニー［ジョンソンの男友達］が言った——「雪が降ると、そりゃあゴージャスだぜ」）。モランは美人秘書デビー・グリーンと連絡を取りながら、雪の日を待った……。

　そしてとうとう、その成果である私家版『ガラスの家を透かし見る』が完成。1998 年 2 月 23 日、吉田さんと一緒に、ニューヨーク、シーグラム・ビルの事務所で、ジョンソンに献呈することができた。思えば「ガラスの家」を最初に訪れてから 23 年が経っていた。1975 年、10 月 4 日の日記には、こう書いている。

　《（チン・ユー・チャンの車で）ニューキャナンの「ガラスの家」を訪れる。ハドソン河畔を遡り、紅葉し始めた黄金のパークウェイを走り、ポヌス・ブリッジ レーンを左折すると、左右に広々としたウィークエンド・ハウスが並んでいる。その道

「ガラスの家」（撮影：マイケル・モラン／ Michael Moran）

から坂を下って行くと「ガラスの家」の敷地が見えてくる。ジョンソンが紺のセーターを着込んで、入口とも、ガラスの壁ともつかないところに立っている。近づいて見ると、ガラスは意外に重厚である。まったく透明どころではない。そういう印象を伝えると、ジョンソンは「そうだよ」と頷く。室内は想像していたより閉鎖的だ（プランは正確には黄金比ではないとのこと）。ベッドを指して、「ちょっと寝てごらん」と言う。横たわってみると、外からの光が明るく映る。「ガラスの家」の発想について彼はこんなことを言った──少年の頃、戸外を歩くのが好きだった。ひとりで野原を歩いて、疲れると、大きな樹木の枝の下で寝たもんだ。あの体験がこの家になったのだよ。》

　なるほど、「ガラスの家」は木々の枝の下にあった。最初にたずねた時には「門」(1977) もなく、「書斎」(1980) もなく、「ゴースト・ハウス」(1984) もなく、「記念碑」(1985) もなく、ましてや「案内所」(1995) もなかった。1946 年以来、ジョンソンはここに敷地を定め、次々に買い足して約 4 万坪の広さとなり、彼が「おかしな建築家の日記 (diary of an eccentric architect)」と呼ぶ、「ガラスの家」の建設を始めた。そして年を追うごとに「ゲスト・ハウス」(1949) や「パヴィリオン」(1962) や「絵画ギャラリー」(1965) や「彫刻ギャラリー」(1970) が建てられていった。

　《「あなたのすべての作品はことごとくここから始まっていますね」。「そのとおり」。「ここはなんだか桂離宮みたいです」。「本当かい？ そう言ってくれたのは君が初めてだよ」。「あなたはいつも日光、日光と言っていますから」。「まぁ、その両方だよ。でもミース（ファン・デル・ローエ）はここが嫌いだったよ」。》

　それからニューヨークへ行くごとに「ガラスの家」をたずねた。何人もの人を連れて行った。建築家の団体を連れて行くこともあった。ある時なぞ、表敬訪問の建築家たちが「ガラスの家」の周囲の芝生をしずしずと歩いているのを見て、《「なぜ彼らは喋らないんだ」とたずねた。「だって『行儀よくしてください』って言っておいたから」。「なぜそんなことを言うんだ。ここは儂

の家だ。もっと喋れって言え」》。

　最初に会った時、ジョンソンは69歳だった。早口で、お喋りで、おそろしく反応が早かった。こちらのもたもたした口調にしばしば苛立った。「もっと早く話してくれよ」とよく言われた。その後、《「大分早く話せるようになったな」。「そうじゃないですよ。あなたがこちらの言うことが分かるようになっただけです」。「磯崎？　あぁ、あいつの英語もわからない」》。

　いたずら好きで、よく人をからかった。ある時、ジョンソンと私と友人とで高級レストラン「フォア・シーズンズ」で昼食を食べていたら、《「何がいいかって聞いていますよ」。ジョンソンは片目をつぶって「アメリカン・ステーキだって言えよ」。友人が目を白黒させて食べているのを見て、にっと笑って私の顔を見る。「で、デザートは？　と言ってますが」。「チョコレート・ケーキがいいって言えよ」》。

　また、ジョンソンと私と家内と息子の四人で食事をしながら話をしている時も、息子に向かって、「今、お父さん、何て言ったの？」と、度々ふざけて話しかけていた。ゴシップ好きで、「今日はどんなゴシップだい？」それが最初の挨拶だった。話題の多い人だった。

　フランツ・シュルツがジョンソンの伝記本『フィリップ・ジョンソン、その生活と作品（Philip Johnson: Life and Work）』を出版した時、作品集はいつもくれるのに、「この本はやらないよ」と言う。なるほど読んでみると、ジョンソンの若い頃から現在までの私生活が、とりわけ男関係のことごとくが暴露されている（なお、この本にはジョンソンの序文はない）。また、若い頃の親ナチ的行動がしばしば非難の的になった。思い切ってそれについてたずねてみると、平然として、《「若い頃の話だ。雑誌に書いたってかまわないよ」。「こういう風にあちこちと思想を変え、作風を変えるのは誰の影響ですか？」「ヘラクレイトスかな」。「つまり『パンタ・レイ（万物流転）』ですね」。「そのとおりだ、よくわかってるな」。「それでもやっぱり『ガラスの家』へ還ってきてしまいますね」。

「Changing is only unchanging.（変わるってことは変わらないのと同じなのだ）まずはニーチェを読め」》。

　1990年、評論家ジェフリー・キプニスが200部限定の洒落た評論集を出版した。題名は『ニーチェの館にて（In the Manor of Nietzsche）』。それに寄せた、論文嫌いのジョンソンの序文には――自分が独自なものをつくり出そうと迷っている時は理論が必要なのだ。それも、何か役に立つ建築的真理のパラダイムが必要なのだ（I realize that in those fleeting when I imagine myself to be creative I need Theory. I need some useful paradigm of architectural "truth"）。

　時には「建築家はいつでも娼婦だ（Architect is always whore）」などと苛烈なことを言っているジョンソンが一体どんな「真理」を待っていたのか、遂にそれは確かめられなかった。いや、そんなものは信じなかったのだ。

　1995年、「ガラスの家」の最後の作品となった「案内所」が完成した時にたずねたが、ひどく上機嫌だった。ほかの作品と違って、この建物の不定形な赤いコンクリートの壁が馬の背のように緑の芝生にうずくまっている。その壁を掌で叩きながら、「毎朝、こうして愛馬の背中を叩くようにとんとんって叩くんだ。その室内には受付や陳列棚があって、ここで儂が『a+u』の特集号なんか売るんだ。わが家は長寿の家系で、儂も百歳になったらローマへ行くんだ」。私が、「その話はフランツ・シュルツの本に出ていましたよ」と言うと、「では、今度は百歳じゃない。百十歳にしておこう」。

　最後にジョンソンに会ったのは1999年2月24日だった。

　《12時25分、シーグラム・ビルに行くと、丸山欣也君が待っていた。二人でレストラン「フォア・シーズンズ」に行く。顔見知りのウェイターが心得顔に案内する。だがいつもの定席ではない。はて、どういうことか？　待つことしばし。ジョンソンが現れる。背中を曲げ、歩行は少々おぼつかないが、顔つきは元気だし、肌にもたるみがない。声はさすがに聞きとり難いくらい低い。丸山君を紹介する。ジョンソ

ンはメキシコ、グアダラハラの子供ミューゼアムを計画中だと言う。丸山君が自分のスケッチ・ブックを見せる。ジョンソンの態度が変わった。元気な口調で、「肝心なのは"かたち"だ。"スケール"だ」と気負い込む……。別れる時、「今度はいつ来る? 知らせろよ」。その言葉を背にシーグラム・ビルを後にした。》

大病をした2年後の2002年、ニューヨークを訪れた時にはジョンソンは心臓病で入院中だったため、会えなかった。フィリップ・ジョンソンは2005年1月25日に他界し、デイヴィッド・ホイットニーも同年6月12日に他界した。「ガラスの家」は「The Philip Johnson Glass House a National Trust Historic Site」と改められ、2007年6月23日博物館として開館した。ジョンソンが生きていれば101歳に達しようとする頃であった。

10 グロピウス邸からシンドラー邸へ

　ニューヨークからボストンへ飛んだ。1974 年 4 月 26 日。用件は、ワルター・グロピウスの未亡人であるイセ・グロピウス夫人に会うためである。東京を発つ前、丹下健三、清家清両氏から、彼女に会って「グロピウス展」が開催できるものかどうかたずねてきて欲しいと依頼された。

　ボストン空港でイセ・グロピウス夫人を捜すのは難しいことではなかった。到着ロビーの中で夫人は今なお美しかったからである。夫人の運転する車内では、いささか鞠躬如としていたが、夫人は手を左右に振りながら周りの新緑の風景を見渡し、「あそこに高い塔を持った教会が見えるでしょう？ あぁいう高い塔がニューイングランドの伝統なのです」と説明する。車はボストン郊外、リンカーンのバイカー・ブリッジ・ロードを通って、小高い丘の上を目指した。

　木々の影にひっそりと建つ、こちんまりとした建物が見えた。グロピウス邸は思ったより小さかった。ワルター・グロピウスとマルセル・ブロイヤーの設計だと聞かされてきたが、なんだかブロイヤーの影のほうが大き

い感じがした。玄関はひどく小さかった。夫人は先に立って家中を丁寧に案内してくれた。夫妻が食事をしているところを撮影した有名な写真の場所は石張りのポーチだった。夫人は「ここでよくピンポンをやったものよ」と言う。「それにワルターは乗馬が好きでね」。「庭から2階へ上がる螺旋階段があるでしょう？　あれはね、娘がメイドと仲がよくなかったので、夜、帰ってきてもメイドの顔を見なくても自分の部屋に上がれるようにするためにつけたものなの（息女ビート［通称アティ］は養女で、建築家ジョン・ジョハンセンと結婚した）」。

　ようやく食堂に座って、紅茶とクッキーをいただいた。「キヨシを知っていますか？（これは間違いなく清家清さんのことだろう）」「はい」。「あの人は本当に神経の繊細な人でしたよ。こんな話があるのです。みんなで夕食を食べた時、アーティチョークが出ました。蕾の根本を歯で切り取って、残りをお皿の上に置くのですが、キヨシはその夢の残りをきれいな形にお皿に並べていたのです。あぁ、こんなところにも日本人の美意識があるのだと感心したものでした」。

　肝心の展覧会の話は不得要領に終わった。その後、イセ・グロピウス夫人はTAC（The Architects' Collaborative）の事務所まで送ってくれた――1969年、ワルター・グロピウスの葬儀の時に読まれた、生前1933年に彼が書いたという遺書の最後の一言は次のようだ――「イセ、私がこれまでに最も愛したお前、どうぞ私の精神的遺産をきちんと整えて保存しておいておくれ。手元の財産などはお前がよいと思うようにしておくれ」。

　グロピウス夫人は夫の建築遺産であるTACや自宅をしっかりと維持保管していたが、TACは1995年に解散し、夫人没後、自邸はニューイングランド歴史協会の管理下にあって、娘のアティ・グロピウス・ジョハンセン夫人が取り仕切っている。どうやら、グロピウス邸は、今や20セント切手の図柄になって、世界中に散布されている。同様に20セント切手の

グロピウス邸のポーチで食事をとるグロピウス夫妻
（撮影：ロバート・ダモラ　出典：Reginald Isaacs, *Gropius*, Little Brown and Company, 1991）

図柄になったのは、フランク・ロイド・ライトの「落水荘」とミース・ファン・デル・ローエのイリノイ工科大学クラウンホールである。

フランク・ロイド・ライトはともかく、グロピウスと同じ年、1937年にドイツから米国に亡命したミースは、シカゴに落ち着き、新装になったイリノイ工科大学（IIT）で教鞭を執り、シカゴをはじめニューヨーク、トロントなどに高層ビルを次々に建て、晩年、故国ドイツのベルリンで国立美術館を設計することになった。こうした宿命の違いはどこからきたのだろうか？ 後に IIT を修了した級友高山正実君は、ミースにはインテグリティ（誠実さ）があったからだと言うのだが。

* * *

同年の 1974 年 5 月 16 日、ロサンゼルスに着いて、早速、パノス・クレモスを南カリフォルニア大学（USC）にたずねた。ニューヨークでケネス・フランプトンから、ロスに行ったらパノス・クレモスに会えと言われたからである。クレモスは、1970 年代から 80 年代にかけて USC 建築学部の学長代理だった。フランプトンがクレモスに会うことを勧めたのは、二人とも 1960 年代、ロンドンのダグラス・スティーヴン建築設計事務所で働いていたからである。キプロス生まれの顎髭を生やした立派な顔立ちの大男で、野太い声でイタリア語を交えながら、よく喋った。イタリア出身で美しいピエラ夫人と、マリブの丘の上にある木造平屋建ての住宅に住んでいた。この住宅の設計は A・クインシー・ジョーンズで、彼も同様に USC で教えていた。ピエラ夫人は料理上手で、よくパーティーに招かれた。

USC ではギリシャ系のステファノ・ポリゾイデスや典型的アメリカ系のロジャー・シャーウッド、口髭をたくわえたゲルマン系のフランク・

ディムスターに紹介された。USC はかつてリチャード・ノイトラが教えていたところだ。ポリゾイデスがルドルフ・シンドラーの設計した事務所兼自宅を案内しようと言う。その頃彼は、シンドラーの一連の住宅を研究しており、アクソノメトリック画法による空間分析を進めていた。彼の車でウエスト・ハリウッドのノース・キングス・ロードへ出かけた。

　住宅は周囲から生垣で隠れるように建っていた。手入れのしていない中庭を挟んで、低い屋根の簡素な木造建築が鍵の手に繋がっている。シンドラーがアーヴィング・ギルの工法から示唆されて考案した「スラブ・ティルト（Slab-Tilt）」工法によって建てたものだそうだ。壁をスラブ上で成形し、それを後にティルトアップするのである。地面に打ったコンクリートの荒い壁面とカリフォルニア・レッドウッドの木目を際立たせるようにワイヤーでブラッシュ・アップした木肌が印象的だ。軒下には障子に似た格子状のガラス入り滑り戸が入っている。室内はスケールを抑え、天井を低くして、立っているよりも床に座っているほうが似合っている。欄間まで設けられていて、こうした通気性など、日本的様式はフランク・ロイド・ライトからの影響だろうか。家具はすべて木製である。狭い、人ひとりやっと通れるほどの踏み段を上ると、小さな屋根裏部屋があった。そこから中庭を見下ろすことができる。

　おそるおそる降りて部屋に入ると、老婦人が椅子に座っていた。シンドラーの未亡人、ゾフィー・ポーリン・ギブリングである。70代も後半だろうが、背筋を伸ばし、真っ正面から相手を見据え、しゃんとした口調で、「まぁ、お座んなさいな。日本の方だというからからお聞きしたいのですが、最近の日本の政情はどうなっているの？ 学生運動はどうなっているのですか？ あなた、彼らを支持していますか？」

　吃驚した。ロサンゼルスに来て、いきなりこの質問は強烈すぎる。思わずポリゾイデスを振り返ると、彼は澄まして、早くも聞き耳を立てて

いる。

　へともと答えての帰り道、ポリゾイデスから、1920年代、米国全土に風靡した社会主義、共産主義運動がハリウッドの映画監督をはじめ、多くの映画労働者にも共鳴者を生み出し、彼女もその同伴的知識人、いわゆるラディカル・シック（過激派好み）のひとりだったのだと説明された。彼女は女子名門校スミス・カレッジの出身で、同級生マリアン・チェイスと一緒にシカゴの有名なセツルメント「ハル・ハウス（Hull House）」で働いた。やがてポーリンは建築家と、マリアンは施工業者と結婚した。ノース・キングス・ロードに建てられた住宅の平面図を見ると、彼ら四人の部屋が独立して設けられている。ここは夫婦別称も含め、相互の人格を認め合う共同住宅であり、同時にポーリンの文化活動の拠点でもあった（ポーリンは一時、ジョン・ケージのガール・フレンドだった）。これでやっとポーリン夫人の過激な質問が呑み込めた。

　それにしても、ヒッチコックとジョンソンの『インターナショナル・スタイル』には、同じロヴェル邸でも、シンドラー設計（1926）のほうではなく、ノイトラ設計（1929）のほうが掲載されているのはなぜだろう？ 1988年になってフィリップ・ジョンソンはペーター・ノイヴァー（オーストリア・ウィーン応用美術館MAKの館長）に答えて次のように述懐している。

　「1931年、ロサンゼルスに行ったのは、主にリチャード・ノイトラに会うためだった。それはニューヨーク近代美術館での展覧会の直前だった。ノイトラは悪い奴で、誰彼なく悪口を言った。特にシンドラーに対してはひどかった。シンドラーの自宅も見たには見たが、とても好きになれなかった。安普請に見えた。不格好だった。こうした印象もあったし、ノイトラの告げ口もあって、シンドラーのほかの作品は見なかった。その後も彼の作品を見たことはなかった。最近になって、自分が間違っていたことがわかった。彼はあの時から一流の建築家だった」[1]。

ちなみにノイトラはシンドラーと同郷のウィーン出身であり、共にフランク・ロイド・ライトに就いたが、ここでも状況はシンドラーには不利に、ノイトラには有利に働いた。後年、1949年、ノイトラは『タイム』誌の表紙に取り上げられた。だが、60年代になると、エスター・マッコイやレイナー・バンハムやデイヴィッド・ゲバードなどの建築史家たちはシンドラーに着目するようになり、著書を出版している。さらに、ハンス・ホラインやヘルマン・ヘルツベルハーやヤコブ・バケマといったヨーロッパの建築家たちもシンドラー再評価の論文を発表し、70年代から80年代にかけて、一挙にシンドラーに対する関心が世界中に広がった。ウィーンの応用美術館がシンドラー邸にロサンゼルス支部を置くのもそのひとつのあらわれである。ノイトラの未亡人ディオーネとはその後、チューリッヒで会うことになった。

★1—— R. M. Schindler, *MAK Center for Art and Architecture*, Prestel, 1995.

11 アンビルト・アーキテクトたち

　アンビルトという概念は『アンビルト・アメリカ（Unbuilt America）』か
ら借用した。同書は 1976 年、マグロウヒル社から出版された 306 ページ
の横長の大型本（22 × 28.5cm）で、副題は「トーマス・ジェファーソンか
ら宇宙時代に至るまでの忘れられたアメリカ建築（Forgotten Architecture in
the United States from Thomas Jefferson to the Space Age）」。著者はアリソン・スカ
イとミシェル・ストーン。二人とも当時「サイト（SITE）」に所属してい
た。「サイト」とは sculpture in the site の頭文字を約めたもので、環境芸
術と建築の境界領域を埋設しようと活動していた組織である。メンバーは
二人のほかに彫刻家のジェイムズ・ワインズ、エミリオ・スーザ、建築家
はひとりもいなかった。

　1975 年、ソーホーのグリーン街にあるサイトを訪れたのが、彼らとの
最初の出会いだった。ジェイムズ・ワインズは白髪の巨漢、大声で笑う。
アリソン・スカイは知的女性。ミシェル・ストーンはその後日本人男性と
結婚した。以後、サイトからはおびただしい量の資料が送られてきた。

『アンビルト・アメリカ』もそのひとつである。1986年12月には臨時増刊号『サイト：ナラティヴ・アーキテクチュア』も出版した。だが、サイトには建築作品がないため、『a+u』とサイトとの距離は次第に遠くなっていった。それにニューヨークの建築家たち、とりわけアイゼンマンなどはサイトをまったく無視していた。しかし、アンビルトという概念はそれ自体建築の領域でも有効であった。

*　*　*

クーパー・ユニオンにジョン・ヘイダックを初めてたずねたのは1974年4月23日であった。イースト・ヴィレッジのクーパー・スクエアに建つ、ブラウンストーンのロマネスク風7階建て建築（1858年竣工）は、風変わりで、どこか時代遅れの感じだった。しかし、館内に入ると印象は一変した。どこもかしこも白く塗り立てられ、白い大きな円柱が目を引いた。デジャ・ヴュ！　そうだ、これはル・コルビュジエのポワシーの住宅の内部にそっくりだ。ヘイダックは、真っ白な壁の部長室の大きな机の向こうに、黒い太縁の眼鏡をかけ、黒いセーターからネクタイをのぞかせていた。立ち上がると、ものすごく大きかった。その口調はブロンクスなまりで、一寸、甘ったるく、だが人を圧迫するような凄みがあった。彼は先に立って館内を案内してくれた。鉄骨構造に石張りの建物の内部は、すっかりル・コルビュジエ風に化粧されていた。グレイト・ホールと呼ばれる大講堂の改装は見事だった。

ヘイダックがこれまでに完成させた作品は、母校であるクーパー・ユニオンの内部改造だけで、もっぱら計画案のドローイングを描いていた。彼は「ニューヨーク・ファイヴ」のひとりだが、ほかの四人と比べると、文学的雰囲気を漂わせていた。『a+u』の特集号「ホワイト・アンド・グレ

イ」の出版の時にも、ヘイダックは除外された。しかしその代わり、翌月の1975年5月号はヘイダック特集号だった。その当時、東大の芦原義信さんから、「こういう特集号は学生たちに悪い影響を与える」と言われた。ヘイダックは、特集号でのケネス・フランプトンの評論が不満だった。アングロサクソン風の見方が気に入らなかった。またヘイダックは安藤忠雄の作品に批判的だった。

1975年10月4日、ブロンクス区リヴァーデイルにあるヘイダックの自宅に招待された。クーパー・ユニオンでの同僚ライムンド・アブラハムも一緒だった。ニューヨークのダウンタウンからは遠かった。その家は建て売りの木造2階建ての小さな家だった。家には大きな庭があった。グロリア夫人の手料理の夕食をよばれた。その時、白井晟一さんの「虚白庵」をたずねた時の話をした。「虚白庵」の玄関があまりに暗いのでまごまごしていると、「暗いほうがものがよく見えるからね」と白井さんから声をかけられた話である。ヘイダックは「いい話じゃないか」とアブラハムの方を振り返った。二人は白井さんの建築よりも、警句のほうに興味を持ったようだった。その夜、ヘイダックはジョン・ホークス（アメリカの作家）やデーヴィッド・シャピロ（アメリカの詩人、その後、シャピロと会ってヘイダックの特集号に寄せる詩を書いてもらった）を語り、ジイド（ヘイダックは『背徳者』が好きだった）やプルーストやリルケやカフカを語った。

その後、ヘイダックからは、ドローイング集や『プラハの装丁』、『マルテ・ローリッツ・ブリッゲの手記（Die Aufzeichnungen des Malte Laurids Brigge, 1910）』などをいただいた。いずれも豪華版だった。彼はドローイングや書籍に独特のオブセッションをもっていた。ヘイダックは若い頃、「テキサス・レンジャー」[*1] の影響を受けてライン・ドローイングを描いていたが、やがて野太いフリーハンド・ドローイングへと移り、色彩も単純明快な三原色から複雑多岐な多彩色へと変化した。画面も余白のある画面から

ジョン・ヘイダック「Cathedral」
（出典：John Hejduk, *Pewter Wings Golden Hourns Stone Veils*, The Monacelli Press, 1997）

全面彩色の画面へと移った。さらに、明示された主題から暗示された主題
へと推移した。ヘイダックは「建築家が目指すものは建築の詩である」と
言ったが、彼が白井さんの言葉に関心を見せたのは、蓋し、当然で
あった。

＊　　＊　　＊

　ヘイダックのようにドローイングを一途に描き続けている建築家にレベ
ウス・ウッズがいた。彼と最初に会ったのは、1986 年 6 月 1 日、ニュー
ヨークのプラザ・ホテルであった。長身、銀髪、洒落たジレーを着込み、
首元にスカーフを靡かせて颯爽とロビーに現れた。通い慣れたように、悠
然とホテルの特別室エドワード・ルームに入って行った。一体、この人は

レベウス・ウッズ「戦争と建築」展覧会（東京、イズム・ギャラリー［アイゼンマン・キューブ］）パンフレット

どういう生活をしているのだろう、と思った。

翌年4月19日、レキシントン通りのレストラン「ル・ルレ・ド・ヴェネチア」で食事の後、マジソン通りの瀟洒なアパートメントへ連れて行かれた。そこで（三番目の）夫人ブリギッテと会った。机の上には色鉛筆によるドローイングがあった。宇宙空間に浮かぶ人工衛星、異星に建てられた観測塔、無残に破壊された建物、廃墟などが幾重にも折り重なった様相が色鉛筆で写実的に描かれていた。人づてに聞いたところによると、この驚異的な細密画の才能は、建築事務所の「レンダリング」に活用され、デリ

ニエイター（製図家）としての暮らしに役立っているとか。そういえばレベウスはケヴィン・ローチの事務所に勤めていたことがある。ある昼食会でローチ夫妻とレベウスが同席した。ローチは知らん顔、ジェーン夫人はレベウスと親しげに話し合っていた。彼のドローイングもさることながら、彼の書く文章も流暢で、素早く、透明で、中性的で、非現実的であった。以後、彼の書く評論が『a+u』にしばしば掲載された。

《1991年11月6日　レベウスが建築は政治的活動だと言い出したことから議論になった。一体、建築に力を与えるものは何かと問うと、それはイメージだと彼は答える。ではイメージを力強くするのは何かと問い詰めると、彼は理念だと言う。それはイデオロギーかと問うと、彼はポエトリーだと言う。やっぱりレベウスにはイデオロギーが欠けているのだ。》

彼のドローイングのモチーフが変わったのは、1993年のサラエヴォ滞在からである。彼の私生活まで変わった。ブリギッテが立ち去り、アレクサンドラ・ワグナーが現れた。無論、アレクサンドラは若かった。サラエヴォ出身の彼女の影響はレベウスのドローイングを一挙に政治化させ、急進化させた。「建築と戦争は両立する。建築は戦争である。戦争は建築である」。戦渦と化したサラエヴォの都市や建築の廃墟や残骸が破壊や殺戮に使われた凶器もろとも克明に描き込まれるようになった。だが、そこまで克明に描いてもレベウスのドローイングには何か欠けているように思えた。付随したテキストにも何かが欠けているように思えた。なぜだろう？

アレクサンドラはレベウスを「ロマンチック・プア」だと決めつけた。サラエヴォで戦争を体験した精神分析医の彼女の心には余人が推測できない苛酷な戦禍が潜んでいるのだろうか。「家族で読んで」と言って彼女がくれたのは、ロバート・ジェイ・リフトンの著書『生きながらえて死ぬ（Death in Life: Survivors of Hiroshima）』だった。

1994年10月から11月にかけて、東京でレベウス・ウッズの展覧会

「戦争と建築」が開かれた。レベウス・ウッズの臨時増刊号（1991年8月）が出版された時、1990年からの『a+u』のロゴタイプをデザインしてくれたマッシモ・ヴィネリに会ったら、「俺、こいつの絵、好きじゃないんだ」。

　それからおよそ考え難いのは、レベウスがあのクーパー・ユニオンで教授になったことだった。無論、ヘイダック死後のことである。そのレベウスも亡くなった。

---

*1——テキサス・レンジャー……1951年から1958年まで活躍したテキサス大学オースティン校の建築学部の教員による建築家集団。ハーウェル・ハミルトン・ハリスを中心として、コーリン・ロウ、ジョン・ヘイダック、ヴェルナー・セリグマンなどが参加した。

12 ロサンゼルスの建築家たち

1975年9月28日、南カリフォルニア大学（USC）教授の建築家パノス・クレモスの斡旋でパサデナのギャンブル邸に宿泊することになった。ギャンブル邸は今ではUSCのゲストハウスとして使われている。

《レイナー・バンハムは半年もここに滞在して執筆したそうだ。「ギャンブル夫人の幽霊なんて出やしないよ」。冗談を言ってジョン・ニコレもステファノ・ポリゾイデスも帰って行った。邸内には二人の学生が泊まっているはずだが、ギャンブル夫人の部屋ではひとりだった。いささか緊張した。壁や柱や天井の磨き上げられた太いチークやマホガニー、楓やシーダーが伸し掛かってくるように思えた。部屋の戸はすべて開け放ったが、長い軒の向こうの黒々とした木々が押し寄せてくる。その夜、ギャンブル夫人のベッドは寝苦しかった。翌朝、厨房で学生が朝食をつくってくれた。やがて管理人が出勤してきた。昨夜就寝したベッドは展示用だから、急いで片づけてほしいと言われた。ジョンとステファノが現れて、やっと文化財から解放された。》

翌日、パノスに連れられてUSCへ行った。ロジャー・シャーウッドか

THE GAMBLE HOUSE, 1908
ARCHITECTS, GREENE AND GREENE

1974. MAY 17 GAMBLE HOUSE WITH JOHN NICOLAIS

ギャンブル邸案内パンフレット

らアクソノメトリック画法による近代集合住宅の図集『現代集合住宅の原型（Modern Housing Prototypes）』を貰った。その後、この図集は『a+u』特集号として出版された。パノスは「ニューヨークの連中は君を利用しているだけだぜ。本当の友達は俺たちだけだ」とよく言っていた。その彼も、1982年ジェームズ・ポルシェックが引退した後のコロンビア大学の学部長に立候補したが、結局、バーナード・チュミが学部長に就任した。ニューヨークはパノスにとって遠いところだったようだ。晩年、二度ほど夫婦で来日し、奈良や京都をわれわれ夫婦と一緒に旅行した。パノスが

1999年に亡くなった時、追悼文を書いたのはカルロ・アイモニーノ、フランチェスコ・ダル・コとジョン・ヘイダックだった。やはりパノスはヨーロッパの建築家であった。

パノスと親しくつき合っていた頃、フランク・O・ゲーリーという建築家のことはまったく知らなかった。彼はロサンゼルスの「ホワイト・アンド・グレイ」会議にも出席していなかった。ゲーリーという妙な名前も聞いたことがなかった。初めて彼に会ったのは、1977年10月25日から2日間、シカゴで開かれた、グラハム財団後援によるシンポジウム「建築芸術の状況1977」の時であった。シンポジウムには、シカゴ、ニューヨーク、ロサンゼルスから合計17名の建築家が参加した。その時、フランク・O・ゲーリーがスライドで展示したのは、納屋、パヴィリオン、オフィスの増改築などだった。そのどれもが「空間が歪んでいる」という印象を受けた。

翌年、《1978年12月4日　ジョン・ニコレと一緒にサンタ・モニカに完成したゲーリーの自宅を訪れた。石井和紘さんは「キッタナインデスヨ」と言ったが、それは「キッタナイ」とは違っていた。確かに未完成で、粗野で、洗練されていない。「わざと未完成にしているんですね」。「そう、未完成なんだ。東洋の芸術家だって未完成を求めているじゃあないか」。「東洋の芸術家は未完成だが細部は入念です」。「勿論、僕だってそうだ。このコーナーの木部のディテールだって、僕が職人に指示しているんだ」。「ジャン・コクトーが秩序としての無秩序と言っていましたが、これはまさしくそれですね」。「この台所だって、一見、そう見えないようにはしているが、居間から見ると絵になるように設計しているんだ」。「つまり芸術としての台所ですね」。「ああ、そりゃいい」。2階に上がって驚いた。「うちのベルタ（夫人）はラテン系だからみんなオープンなんだ」。トイレには戸がなかった》。

ロサンゼルスには、パノス・クレモスやUSCの建築家がいるし、チャールズ・ムーアやUCLAの建築家がいるし、ロサンゼルス在住のク

レイグ・ハジェッツたちもいる。グルーエン事務所やダニエル・マン・ジョンソン＆メンデンホール（DMJM）といった大型建築事務所の建築家たちもいる。彼らはニューヨークとは無関係だが、フランク・O・ゲーリーだけは、なぜかニューヨークと繋がっていた。ピーター・アイゼンマンまでが「お前、フランクに電話しなかったろう。怒ってたぞ」などと言う。1984年、フィリップ・ジョンソンは「ガラスの家」の敷地内に「ゴースト・ハウス」をつくったが、そのチェーン・リンクの小屋はフランク・O・ゲーリーの自宅へのオマージュだった。

《1985年8月12日　フランクへ電話すると、待っていると言うので、ブルックス通り11番地のアトリエに行った。薄暗い部屋の中に雑然と机が並べられ、その上に木の模型が散らばっている。それを見て、「この模型の木片のひとつを動かしても、元の位置に戻せるかい？」「やってみろよ」。彼はほぼ正確に木片の位置を元に戻した。「ということは、君の作品はばらばらにできるということだね」。「ふん、お前の口は悪魔の口」。》

《1987年4月16日　午後5時、ゲーリーの事務所に行く。今度、神戸にできたレストランの写真を見た。チェーン・リンクの鯉である。近くのレストラン「レベッカ」へ案内された。戸口はオニックス、扉は七宝、内部はアルミ、ステンレス、そして木。天井に黒い二匹の鰐が取りついている。奥にはガラス製の魚が尾を跳ね上げている。巨大な蛸が足を広げて天井に張りついている。パノスの話によると、フランプトンはゲーリーの作品がまったくわからないと言ったとか。この日の夕食にはパノス・クレモス夫妻、チャールズ・ジェンクス夫妻、ミン・フン、クレイグ・ハジェッツ夫妻、『アーキテクチュラル・ダイジェスト（Architectural Digest）』編集長エリザベス・マックミリアンさんが招待された（エリザベスは元俺のガール・フレンドだったんだぞ、とフランクが言う）。ゲーリーもいろいろ気をつかっている。》

1989年5月18日、フランク・O・ゲーリーは東大寺大仏殿でプリツ

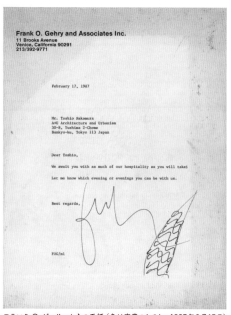

フランク・O・ゲーリーからの手紙（魚は家業のしるし，1987年2月17日）

カー建築賞を受賞した。審査委員長J・カーター・ブラウンは「ゲーリー
のデザインは、アメリカの音楽にたとえるなら、まさしくジャズに似てい
る。即興に満ち、生き生きとして、思いがけないスピリッツにあふれてい
る」と述べた。

　1992年10月17日、フランク・O・ゲーリーは世界文化賞受賞のため
に来日した。

　《10月30日　今朝はひとりでいると言うのでホテル・オークラに行くと、ゲー
リーはロビーに座っていた。「今度はプレミアム・インペリアーレの招待なんだ。い
いレストランへ行こうぜ」。オーキッド・ルームで朝食。「さて、来年のプリツカー
賞は誰になるかな。槇、磯崎、フォスター、ペリ？」ゲーリーは声を落とし、「ここ

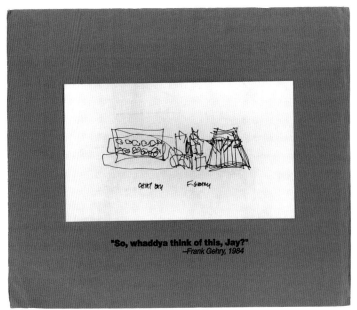

"So, whaddya think of this, Jay?"
—Frank Gehry, 1984

フランク・O・ゲーリーからの招待状（「シャット・デイ広告会社」の落成式, 1991年11月7日）

だけの話だがね、自分は槇に投票してもいいと思っている。ただ、あの finicky ——わかるかい？——なディテールだがね、全体を貫くものがない。（藤沢の）体育館や（幕張の）メッセはよいが、テピアもスパイラルもよくない。京都の（近代）美術館ではパラディオのディテールが翻訳されている。磯崎は優れた空間感覚を持っているが、忙しくて、それを発揮させる時間がない。マイケル・グレイヴスは才能はあるが、浪費している。ピーター・アイゼンマンは、いつも着想はいいのだがディテールに関心がない。フォスターは悪い奴で他人の仕事を横取りする。ぺりもピアノもダークホース」。ゲーリーは、最近、ディコンストラクティヴィズムだと見られることをひどく嫌って、「あれはアイゼンマンの差し金だ」。》

13 アルフレッド・ロート教授とチューリッヒ 1

　アルフレッド・ロート教授と初めて会ったのは、1973 年の東京だった。
　《1973 年 5 月 24 日　アルフレッド・ロートが来日した。老人特有のいかつい顔
つきで、老眼鏡をかけていた。招待主ミサワホームの人たちと一緒に新宿に出て、
教授は京王プラザホテルにチェックインした。ドイツ語なまりの英語を話したが、
しばしば聞きとれなかった。》

　教授の語るところでは、最初の来日は 1968 年で、東京のユネスコ会議
の席上だった。ル・コルビュジエの弟子のシャルロット・ペリアン、雑誌
『アーキテクチュラル・レヴュー（The Architectural Review)』の編集長 J・M・
リチャーズ、フィンランドの建築家アールネ・エルヴィたちと出席、旧友
の前川國男さんとも再会したという。

　《5 月 26 日　午後、日経ホールに行った。菊竹清訓さんや清家清さんの談話風の
講演のあと、アルフレッド・ロート教授の講義を聞いた。教授は現代建築のオーダー
という演題で、常識的なことを語った。三人の話はひどく退屈だった。聴衆の半分
は居眠りをしていた。》

《5月31日　ホテルにロート教授をたずねた。作品の雑誌掲載や単行本の翻訳について打ち合わせた。》

　その時打ち合わせた単行本とは、GTA（ETHZ 付属建築理論・建築史研究所）編集による叢書の一冊として出版された『パイオニアたちとの邂逅（Begegnung mit Pionieren）』であった。ロート教授は帰国するやすぐに原書を送ってくれた。翻訳は、ロート教授のアトリエに在籍していた村口昌之さんの夫人村口晴美さんにお願いし、『a+u』誌の 1974 年から 75 年にかけて連載された。さらに 1976 年に単行本『回想のパイオニア』と題して新建築社から出版された。ル・コルビュジエ、アドルフ・ロース、ヨーゼフ・ホフマン、オーギュスト・ペレ、アンリ・ヴァン・デ・ヴェルデたちが登場する近代建築の外史として面白かったが、なぜか売れ行きが思わしくなく、現在は絶版である。同書のために前川國男さんが前書を口述された。前川さんのアルフレッド・ロートの思い出話が面白かった。

《1975 年 10 月 12 日　ロンドンからチューリッヒへ飛んだ。空から見るチューリッヒは田園そのものだった。空港には ETHZ（スイス連邦工科大学チューリッヒ校）教授アルフレッド・ロート氏と同校助手のウェルナー・ハーカー君が出迎えてくれた。教授のプジョーに乗って市内へ向かった。教授はどこのホテルに泊まるのかとたずね、それはやめてこのホテルにしろと、静かな町並みからさらに小道のフロールホーフ・ガッセに入り、ホテル・フロールホーフに着いた。「ここにはル・コルビュジエも泊まった。リチャード・ノイトラも泊まった」と彼は言った。家族経営のような感じのホテルで、2 階の小さな部屋をあてがわれた。窓の向こうはコンセルヴァトワールだった。》

　結局、このホテルがスイスでの拠点となった。

《10 月 13 日　チューリッヒ・ベルク街のロート教授のお宅へ行った。敷地は傾斜地で、高い木立に囲まれ、渓流が音を立てて流れていた。それは 3 階建てのコンクリート造の集合住宅であった。3 階が教授の居室で、その他の階は学生たちの寄宿舎

アルフレッド・ロートからの手紙（1980年7月27日）

であった。ひとり住まいの教授の部屋には、思ったとおり、猫が数匹いた。壁には
モンドリアンやヴァン・デ・ヴェルデの絵画が飾られていた。ロート教授から招待
客に紹介された。》

　どうやら、この人たちはロート教授の眼鏡にかなったETHZ出身のエ
リートたちらしかった。ウルム造形大学の学長だったマックス・ビル、そ
れにETHZ教授ベルンハルト・ヘースリ（彼はテキサス大学時代、コーリン・
ロウやジョン・ヘイダックたちと一緒に「テキサス・レンジャー」の一員だった）、
『CIAM』の著者でGTA所員のマルティン・シュタインマンたちと会っ

the fellowship home　bergstrasse 71　zürich 8032

フェローシップホーム。最上階がアルフレッド・ロートの部屋
（ロート教授個人用カード）

た。パーティーのなかほどで、ロート教授は、「今日は面白い映画を見せ
よう」と言って、モホリ=ナギが撮影した CIAM 第4回大会の記録映画を
披露した。映画は、マルセイユを出帆した帆船 SS パトリス II 世号がアテ
ネに向けて航行中に、船上で「機能主義都市」についての論議が闘わされ
る様子を映していた。画面にはル・コルビュジエ、その従兄弟のピエー
ル・ジャンヌレ、建築史家で CIAM 書記長のジークフリード・ギーディ
オン、オランダの都市計画家コーネリアス・ファン・エーステレン、スペ
インの建築家ホセ・ルイ・セルト、アルフレッド・ロート自身、スイスの

建築家ウェルナー・モーザー、アルヴァ・アールト、画家のフェルナン・レジェたちが現れた。ル・コルビュジエやファン・エーステレンが演説したり、アルヴァ・アールトが昼寝をしたりする場面もあった。一番印象的だったのは、船がサントスやミコノスといったエーゲ海の島々に寄港する際に、島の人々の貧しい生活状態が鋭く捉えられ、映し出されていることだった。帆船がアテネの岸壁に接岸しようとすると、ギリシャの子供たちは裸で走り回り、船に近づこうとした。船上では世界の建築家たちが高尚な議論をしているのだが、その姿と、エーゲ海の島々の人々の貧しい生活状態とが対照的に捉えられていた。さすがモホリ゠ナギはそのコントラストをよく観察していた。

午後 8 時頃、ウェルナーが「グランパ（教授）がそろそろナーヴァスになってくるから帰ろう」と囁いた。他の人たちも互いに目を見合わせて帰り支度をし始めた。

《10 月 14 日　昨日とは打って変わってよい天気だ。10 時 30 分、老教授がホテルにやって来た。彼のプジョーに乗って GTA に行った。研究所は見たところごく普通の住宅だった。所員のシュタインマンの話を聞いた。研究所が所蔵している CIAM のドキュメントを見せてもらった。フーゴー・ヘーリングを鰊（herring）に見立てた漫画を描いたル・コルビュジエの手紙や前川國男さんの手紙もあった。そのあと、教授は彼自身の設計になるドルダータールの有名なアパートメントを案内してくれた。

二棟のひとつには建築史家のスタニスラウス・フォン・ムースが住んでいた。アパートのすぐ手前に古い山荘風のヴィラがあって、ジークフリード・ギーディオン亡きあと、未亡人の美術史家カローラ・ギーディオン゠ヴェルカーが住んでいるが、あいにく留守だった。次に案内されたのは、ETHZ の建築史教授アドルフ・マックス・フォークトのお宅だった。この家は第二次世界大戦中、ロート教授が CIAM 発案者のエレーヌ・ド・マンドロ夫人から依頼されて設計した家で、木造、下見板を

横に張って、建物の隅は直角ではなく、全体を六角形に収めていた。あいにく、フォークト教授はベルリンへ主張中だった。美術史家ウリヤ・フォークト＝ギョクニル夫人はトルコ人で、さかんに煙草をすすめた。

　5時、老教授と一緒に、キルヒャー通りのハンス・ギルスベルガー氏のお宅へ行った。その家は古い町家で、16世紀に建てられた木造建築だった。同氏は出版社エディチオン・ギルスベルガーの当主で、最初にル・コルビュジエ全集を出版した人だ。老人たちは思い出話などしていた。夜、リマト川沿いの河岸にある古めかしいレストラン「ツンフトハウス」で夕食。老教授は唾を飛ばしながら喋りまくった──表現主義は大嫌い、ハンス・ペリツィッヒも大嫌い。ハンス・シャローンはまあまあだ。ブルーノ・タウトには最初から CIAM の招待状は出さなかった。グロピウスもノーと言い、ミースもノーと言った。ロースはル・コルビュジエなんか眼中になかったそうだ、等々、話はなかなか尽きなかった。》

14 アルフレッド・ロート教授とチューリッヒ 2

《1975年10月15日　ベルンへ行った。ホテルから坂の多い裏道を辿ってチューリッヒ中央停車場まで歩いた。チューリッヒから急行で1時間半、ベルンに着いた。駅のプラットフォームがゆったりとカーヴしているのが印象に残った。ベルンの市街はどれも古色蒼然とした建物ばかりで、その1階部分はアーケードだった。市内電車が走っていた。この光景はかつてジュリアン・デュヴィヴィエの映画『埋れた青春』（1954）の舞台になった。タクシーで、サンドレイン街3番地、「アトリエ5」の事務所に行った。

そこは街外れの元工場の建物だった。ロルフ・ゲントナーに会った。無愛想な人だった。「アトリエ5」の作品はすでに1971年『a+u』12月号で特集していた。まずは1960年代から低層、高密度集合住宅の典型例として世界的に名高いハーレンのジードルングへ案内してもらった。そのスケールはわれわれ日本人にはとても馴染めないものだった。各棟の間の擁壁が高く聳えて、まるでコンクリートの谷底を歩いているようだ。次はタルマットのジードルングへ案内してもらった。ここは裕福な住人の意向に沿って計画が進められたというが、やはり馴染めなかった。その

あとベルン市内のジードルングも見た。彼と別れて、古い市立美術館に行った。誰もいない地下の陳列室で厖大なパウル・クレーのコレクションを見た。》

《10月16日　ロート教授と「ル・コルビュジエ・センター」を見学した。チューリッヒ湖の湖畔にあるパヴィリオンは、ル・コルビュジエの没後、1967年にハイジ・ウェーバー女史の尽力で完成したもので、教授はそれがあまりお気に召さないようだ。そういえば、昨日の「アトリエ5」訪問のことも気に入らないようだ。多分、「アトリエ5」の建築家たちがETHZの出身者ではないからだろう。「最近はイタリアの連中が盛んになりおって！」と嘆いた。》

「イタリアの連中」とは、その年の11月にGTAが主催した展覧会「傾

向：テッシンの新しい建築（Tendenzen: Neuere Architektur im Tessin）」で作品が展示されたスイス・イタリア語圏ティチーノ地方（テッシン）で活躍する建築家たち、マリオ・ボッタ、オーレリオ・ガルフェッティ、マリオ・カンピ、ブルーノ・ライヒリン、ファビオ・ラインハルト、ドルフ・シュネブリ、リヴィオ・ヴァッキーニたちのことであった。

　翌年1976年には、『a+u』9月号で彼らの作品を特集した。同展の展覧会カタログに収録されていたマルティン・シュタインマンの論文「歴史としての現実（Wirklichkeit als Geschichte）」を「リアリズムの建築」として英訳し、併せて掲載した。論文のなかで、シュタインマンは彼らの作品がアルド・ロッシに影響されていること、伝統を現実と捉えていることなどを指摘していた。事実、この展覧会が1973年第15回ミラノ・トリエンナーレにアルド・ロッシが企画した建築展「合理主義建築（Architettura Razionale）」を母型として生まれたことは言うまでもない。それにロッシは1971年から74年までETHZで教えていたのである。

　1976年11月22日、この日、教授がパーティーに招待したのは雑誌『ヴェルク（WERK）』の編集者アドルフ・スチューダー、ETHZのシュヴァルツ教授、おなじくハインツ・ロナー教授、マルティン・シュタインマン、それにティチーノ出身で、ETHZでアルド・ロッシに教えを受けたブルーノ・ライヒリン、ファビオ・ラインハルト、マリオ・カンピたちだった。ロナー教授はGTAからルイス・カーンの特大の出版物を編集、出版していたので、『a+u』のカーン特集と競合しますねと言って微妙な顔つきだった。歴史家スタニスラウス・フォン・ムースはETHZの出身ではないが、ドルダタールのアパートメントの住人として招待された。一方、アムステルダムのアルド・ファン・アイクもETHZの出身者として招かれた。ファン・アイクは以前に会ったことも忘れたかのように、早口にまくし立てた。「槙文彦はいいが、丹下健三も磯崎新も黒川紀章も駄

マリオ・ボッタが描いてくれた自作のスケッチ（筆者蔵）

　目だ。ついでのことだがミラノのアルド・ロッシも駄目だ」と激しく悪口を言い放った。おまけにロート教授は、客たちの見ている前で『a+u』に掲載されたフィリップ・ジョンソンの作品の写真にいきなり赤鉛筆で×印をつけて、「こんなプレイ・ボーイの作品は掲載してはいけない」と言うではないか。思わず周囲の人たちの顔色をうかがったくらいだ。

　パーティーが終わってから、教授の憤慨についてウェルナー・ハーカーと話し合った。ウェルナーはアメリカ生まれでETHZ出身ではなかったから教授は彼を嫌っていた。「ロートは自分をジョンソンのようにチューリッヒの建築的中心人物だと思っているんだ」とウェルナーは言う。「い

や、そうじゃない。ロートはジョンソンとヒッチコックの著書『インターナショナル・スタイル』(1932) に反感を持っているのだ。だから、彼は自分の著書にグロピウスのように『インターナショナル・アーキテクチャー』(1925) ではなく「ノイエス・バウエン」を思わせる『ニュー・アーキテクチャー』(1940) と題名をつけて、わざわざ英仏独の三ヵ国語で出版したのだ。国際的建築をスタイルとしてではなく、思想として捉えるべきだと言いたいのだ」。

　数年経った同じくチューリッヒ、1979 年 7 月 1 日、朝 8 時、ウェルナーがホテル・フロール・ホーフにやって来た。建築家のブルーノ・ライヒリンも一緒だった。ウェルナーの運転で、これからティチーノへ行こうというのである。われわれはチューリッヒの市街を走り抜け、スイス北部の山をトンネルで突き抜け、渓谷を渡り、小さな街々を突っ走り、パノラ

マのように変化する風景を眺めながら車を走らせた。ヴィアマラ渓谷を渡る時、車から降りて、深い谷底を覗いた。滝底から白い水煙がもうもうと立ち上っていた。チューリッヒでは暗い顔をしていたブルーノは生まれ故郷ティチーノに近づくにつれてすっかりイタリア人気質になった。集合場所のルガーノに着いた。

《広場に駐車していると、髭をたくわえたファビオ・ラインハルトがやって来た。真っ赤なフェラーリに乗ってマリオ・ボッタがやって来た。黒縁の眼鏡をかけ、くりくりと目玉を動かしている。彼らはイタリア語で喋った。さっそくボッタの車に乗せてもらった。彼は猛スピードで運転した。行った先はレストラン「グロッタ・ペレット」。そこで昼食をとったあと、モルビオ・スーペリオーレのボッタの自宅へ行った。スーペリオーレの名前のとおりの、丘の上にある煉瓦とコンクリートとガラスでできた明るい家だった。マリオの奥さん、マリアに紹介された。一休みして丘の下にあるモルビオ・インフェリオーレのボッタ設計の中学校、体育館を眺め、さらに工事中の建物を見た。ここでボッタと別れた。ウェルナー、ブルーノ、ファビオたちと19世紀にティチーノで活躍した建築家アントニオ・クロチの作品を見て回った。対称性のある古典主義の教会や住宅だった。夕映えの広場のカフェで人々に混じって雑談をした。裸足の少年がすっとファビオに近づき、話しかけた。「あれは息子だよ」とブルーノが言った。ファビオは小銭を少年に渡した。少年はわれわれを見て笑った。ああ、ここはイタリアなのだ、と思った。》

翌日、ライヒリンとラインハルトのアトリエに行った。ロカルノに向かう途中、トルチェッロで二人の設計によるトニーニ邸を見た。双軸性対象の古典主義の建物は二人がETHZでアルド・ロッシに教えられたことをよく示すものだった。

15 アルド・ロッシのこと

《1975年10月17日　金曜日　チューリッヒは朝から雨。午後6時過ぎ空港へ。あっという間にミラノに着いた。空港にはヴィットリオ・グレゴッティ事務所に勤める松井宏方さんと、ミラノ工科大学でアルド・ロッシの生徒だったクラウディオ・マネリが出迎えてくれた。ミラノはチューリッヒとは何もかも違った。騒がしい喧噪とすさまじい食欲に圧倒された。ドゥオーモ広場の前の「ギャレリア」の喫茶店に座って道行く人を見ていると、ミラノの人々の陽気さも、気楽さも、騒がしさも、実は自らの過去の文化の重みを支えるためなのではないかとさえ思われた。》

《10月18日　朝のドゥオーモ広場を散歩する。クラウディオと一緒にアルド・ロッシのオフィスへ行く。ロッシとは初対面だった。彼の目がぎょろりと光った。にこりともせず、静かな表情で、薄い唇から、ゆっくりした口調で話した。》

小さな、だが分厚い本を貰った。1956年から1972年までに書かれた論文の選集だった。

クラウディオに案内されて、ガララテーゼの団地に行く途中、ミラノの伝統的な円形集合住宅を見た。中庭を囲んでギャラリーがあった。ガララ

テーゼの集合住宅は、長さ180m、4階建て、コンクリート造、モルタル仕上げの建物だ。地上階には列柱が整然と立ち並ぶミステリアスな、どこかファシスト風な様子だった。クラウディオはガララテーゼの集合住宅は伝統的円形住宅を直線状に引き延ばしたものだと説明した。

1976年5月号『a+u』のアルド・ロッシ特集号「アルド・ロッシの構想と現実」では、ガララテーゼの集合住宅を掲載した。ロッシの執筆した論文「類推的建築」と、相田武文さんの書いた批評「沈黙から」がことのほか好評だった。「沈黙」の建築というもっともらしい賛辞は当時の新聞紙上にも引用された。

1980年の初め、アントニオ・マルチネッリから、ロッシがヴェネチア・ビエンナーレのために設計した「世界劇場」の素晴らしい写真が送られてきた。それを見ると、劇場は筏に乗って、ヴェネチアからアドリア海を渡り、ドゥヴロクニックへと航海していた。そこで、『a+u』1980年3月号では、マルチネッリの写真で「世界劇場」を巻頭特集とした。

そしてこの年、再びチューリッヒからミラノへ、今度は列車で行った。リヴァ・サン・ヴィターレを通過する時、湖の向こうに、マリオ・ボッタの設計した住宅が見えた。ミラノへ着いて、早速、アルド・ロッシに会った。その時は家内をつれていたこともあったのだろう、ロッシはひどく優しかった。笑顔を見せ、冗談も言った。「この前とは違うレストランへ行こう」。美男のクラウディオも一番弟子のジャンニ・ブラギエッリも同道した。旅行中家内を悩ませた食事ノイローゼはロッシが連れて行ってくれたレストランですっかり治った。そして、そのロッシがとうとう日本にやって来た。

《1984年9月24日 アルド・ロッシがやって来た。「約束どおり持ってきたよ」と2本のヴィーノを差し出した。夕食に天麩羅屋に連れて行った。大喜びで、烏賊の塩辛をお代わりした。》

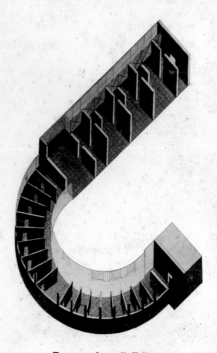

ARCHITETTURA RAZIONALE

XV Triennale di Milano
Sezione Internazionale di Architettura

Franco Angeli Editore

1973年「ミラノ・トリエンナーレ」カタログ

日記のなかの建築家たち

Aldo Rossi in America: 1976 to 1979   Introduction by Peter Eisenman   Catalogue 2
                                                                March 25 to April 14, 1976
                                       Published by the Institute   September 19 to October 30, 1979
                                       for Architecture and Urban Studies

1979年ニューヨーク IAUS で開かれたアルド・ロッシのドローイング展カタログ

《9月25日　5時半、ロッシをホテルにたずね、二人で新宿に行った。歌舞伎町を案内し、西口の思い出横町に行った。ロッシは、「こういうところに来たかったのだよ」と言いながら、左右の飲み屋を一軒一軒覗いた。飯台に箱酒を積み重ねた店を見ると、「ここに入ろう」。どっかりと床几に腰を下ろし、一気に箱酒をあけた。「こういうところはさっと立つもんだよ」。一体、この人は誰？》

この時ロッシにはコンペの審査やら、東大や芝浦工大での講演やらの日程があった。

《9月26日　3時過ぎ、ホテルにロッシをたずね、日比谷へ出た。どこかへ案内しようかと言うと、「いや、結構。丹下の建物も黒川の建物も結構。槇にも磯崎にも会いたくない。それよりも街を歩きたい。街の雰囲気を感じたい。建物のファサードの背後にあるものが大事だから」と言った。二人で銀座を歩いた。》

《10月4日　アルドが事務所に来た。わが家へ同道した。アルドは和食の献立に大喜び、日本酒をのんでは相好をくずした。「今度、ミラノに来る時は樽酒を持って来いよ」と言った。「キミは世界中を歩いているが、どこの街が一番気に入っているのかね？」とアルドが私にたずねた。「チューリッヒさ」と答えると、「なぜ？」と聞いてくる。「まず第一に、あそこは風景がいい。湖、川、丘もある。それから、あそこには城がない。つまり、王や皇帝の権力の表象がない。そして、あそこは小さい。つまり、どこに行っても自分の居場所がわかる」。にんまりとアルドが笑った。「チューリッヒにだって城壁があるんだぜ。ちゃんとローマの遺跡だってあるんだ。都市には歴史が必要なのだ」。》

彼はチューリッヒ、特にETHZとの関係を話してくれた。1971年から74年まで同校で教えていたこと。1973年のミラノ・トリエンナーレでの「合理的建築展」では、1920年代の合理主義的建築から70年代までの合理的建築を世界中から収集し、ニューヨーク・ファイヴの作品も、ブルーノ・ライヒリンやファビオ・ラインハルトの作品も、エルンスト・ギーゼルの作品も、相田武文の作品も展示したこと。それに呼応して、1973年

から 1974 年にかけてコーリン・ロウ、ジョン・ヘイダック、アルド・ロッシ三人の展覧会を GTA が主催、三人の展覧会カタログが 500 部刊行されたこと。さらに 1975 年の「傾向：テッシンの新しい建築」展は、明らかにミラノ・トリエンナーレの「合理的建築展」が影響していたことなど。

また彼は、ニューヨークとの関係についても語った。1976 年からクーパー・ユニオンの建築学科の教授になったこと。1979 年には同校から彼のエッセイとスケッチを収録した出版物『孤独な旅人 (Solitary Travelers)』が出版されたこと（同書は、アルド・ロッシ、ジョン・アシュベリー、ジェイ・フェロウズ、ロバート・フリーマン、ジョン・ホークス、ジョーゼフ・リクワートの論集と、ロバート・フリーマンの映画からのスチール写真、アルド・ロッシのスケッチ、ジャン・ニコラ・ルイ・デュランの図面を集めた図集からなる 1,500 部の限定出版物である）。同年 4 月から 5 月にかけて、ニューヨークのインスティテュートでは「アメリカのアルド・ロッシ 1976 年から 1979 年まで (Aldo Rossi in America: 1976 to 1979)」と題したロッシのスケッチ展が開かれたこと。1981 年にはロッシの論文を集録英訳したものを『学術的自叙伝』と題して単行本化し、さらに 1982 年にはロッシの主著『都市の建築』を英訳、それぞれ「オポジション叢書」として出版したこと。だが、ロッシからは、アイゼンマンやヘイダックのことは一言も聞かなかった。

《1985 年 6 月 10 日　パリ経由でミラノに着く。アルドの自宅はルーガベッラ街 8 番地である。向こうにトーレ・ベラスカが見える。奥さんのいないアルドの家はがらんとして、なんとなくさびしい（奥さんのことについては他の人からいろいろと聞かされた）。早速、持参の日本酒の一升壜を渡す。「今日はうちに泊まれよ、息子も娘も試験で家にいるから」「冷やと燗とはどう違うのか」などと言いながら、早速、飲み始めた。息子を呼んで一緒に飲んだ。夕方、アルドと連れだってパラッツォ・デル・テ館にミラノ・トリエンナーレを見に行った。会場で建築家マリオ・ベリー

ニに会った。展覧会は歴史家のヴィットリオ・マニャーゴ・ランプニャーニが企画、編集した「観念の冒険」だった。「さて、晩飯はどうするか」。アルドの家からトーレ・ヴェラスカのそばのトラットリーア「オステリア・ラ・ペルゴーラ」へ歩いて行った。「まてまて、トラットリーアの前にある教会の建物が気に入っているんだ、まずそれを見に行こう」。》

《1987年3月12日　赤坂プリンスホテルに行った。アルドは赤いネクタイを締めて現れた。彼の部屋で、スケッチを描きながら最近作を説明してくれた。今回は息子のファウスト、アメリカ人モーリス・ナジミを同行していた。》

この時の計画が1989年に完成した博多のホテル「イル・パラッツォ」だった。イタリア的とも日本的とも判別できぬ建物を見て、「これはイタリアの建築家がつくった日本の建築だね」と、無理矢理に理屈を捏ね回して言った。アルドはいつものようにぎょろりと目を光らせ「ま、そうだ」。

1990年6月16日、イタリア、ヴェネチアのパラッツォ・グラッシで、アルド・ロッシのプリッカー建築賞授賞式があった。アルドの挨拶があったが、この時の彼の姿勢には何か冷淡なものが感ぜられ、以前のような親しみがなかった。

16 ミラノ・コモ・アスコナ

《1979年5月29日　火曜日　4年ぶりのミラノだ。着いたのは午後10時40分。今回もクラウディオ・マネリが出迎えてくれた。アルド・ロッシの弟子である彼も今では小さな開発事務所に勤めて、エジプトなどに出張しているとか。深夜、コモ★1の宮島春樹さんと、グイド・カネラの事務所に勤務している鈴木勝之さんの二人へ電話を入れた。》

　翌日の昼、スカラ座の前でクラウディオと会った。これからルチアーノ・バルデッサーリの家に行かないかと言う。さて、バルデッサーリのことをクラウディオは歩きながら説明してくれる。バルデッサーリはかつて合理主義的建築家として知られていたが、その時82歳、若い夫人と元気に暮らしていること、最近では彼の名前は滅多に聞かないが、1952年のミラノ・トリエンナーレで「ブレダ館」を設計したことなど。花弁のような、くねくねと曲がったコンクリート版の特異な形態は、当時とりわけ注目されたし、その写真は近代建築史の著書で見たことがある。さて、どんな人が現れるか？

《老いたる巨匠は古びたマンションの5階に住んでいた。明るい陽光が廊下いっぱいにあふれていた。白い壁に囲まれた静かな部屋だった。好々爺の巨匠は騒々しいくらいにはしゃいで、「今日はわが家に泊まれ」などと言い出し、バスルームや寝室まで見せてくれた。「この次はイタリアン・ワイフも用意しておくぞ」などと言う。なぐり書きのようなスケッチを次々にくれた。「こういうふうに描くんだよ」と言って、やにわに白い紙にコンテでなにやら描き始めた。》

話によると、バルデッサーリはジュゼッペ・テラーニよりも年長で、彼よりも先にミラノ工科大学を卒業し、ブレラ・アカデミーに通学した。

《「ドイツ語が堪能じゃったからウィーンに行ったんじゃ。その後、ベルリンで4年間滞在し、グロピウスやミースにも会ったが、当時、盛名を馳せた演出家マックス・ラインハルトやエルヴィン・ピスカトールの舞台装置を担当した」と言う。昼食を御馳走になる。「大事なのは人生をエンジョイすることじゃ。明日の晩、来いよ」。》

だが翌日、私たちはバルデッサーリをたずねなかった。実は、アルド・ロッシが1973年のミラノ・トリエンナーレに企画した「合理主義建築展」にはバルデッサーリの作品は含まれてはいない。さらに、リチャード・エトリンの大著『イタリア建築のモダニズム 1890-1940 (Modernism in Italian architecture, 1890-1940, 1991)』には、バルデッサーリがかなりファシズムに近かったと記述されている。また、デニス・ドーダンの著書『近代イタリアの建設 1914-1936 (Building modern Italy: Italian architecture, 1914-1936, 1988)』にはバルデッサーリが未来派寄りであったことが記されている。そのあたりのことをバルデッサーリに問いただしてみるべきだったろうが、いささかはばかられ、その機会も失った。それにしても、クラウディオは、なぜ、バルデッサーリのところに連れて行ったのだろうか？ 今でも不思議に思う。

＊　　＊　　＊

　《5月31日　木曜日　12時半、宮島春樹さんがコモからやって来た。東京を発つ時、生田勉さんから「ミラノに行ったら宮島さんに連絡しなさい」と言われていた。宮島さんは東京大学教養学部生田研究室に所属されていた頃、ミラノ工科大学に留学し、そのままイタリアに滞在、今ではコモに住んでいると聞いた。無論、宮島さんとは初対面だった。宮島さんというと、生田さんとの合作「栗の木のある家」の映像が脳裡に浮かんでくる。だが、目の前の宮島さんはその作風とはまったく違って、爽やかで明るい人だった。「さあ、これからコモに行きましょう」。宮島さんの車に乗った。途中で昼食をとった。コモに着いたらまずジュゼッペ・テラーニの「カサ・デル・ファッショ」を見ようと思い込んでいたのだが、宮島さんに「あんなもの、どこがいいの？　イタリアにはもっと素晴らしいものが沢山あるじゃないか」と言われると、それでも見たいとは言えなかった。宮島さんはコモ湖の湖畔をめぐる狭い道を走った。街中はひっそりと静かだった。やがて荘園ヴィラ・デステに着いて、湖に面した庭園のベンチに腰を下ろした。空も山も湖も無限に透明で、まるで夢のようだった。宮島さんは言った。「ルネッサンス時代に確立した建築家の職能はもう終わったんです。これからは環境を守ることが建築家の任務なのです。僕は今ではランドスケープの仕事をしています。コモ周辺の植物のことならなんでも知っています。これからちょっと仕事に行きますが、ここに座って、コモの人々がどんな風に暮らしているか考えてごらんなさい」。やがて戻ってきた宮島さんとあれこれ噂話をした。「この前、白井晟一さんが来られてね、案内しました。あの人、俗物だね……」。これにはなんにも答えられなかった。「おそらく僕は日本へは帰らないでしょうね……子供たちにとってイタリアが故郷だからね」。》

　その宮島さんが日本に戻って来られたという噂は聞いたことがあるが、あの真っ向唐竹割りの痛烈な話は、コモの真っ青に晴れた空と緑一色の山並み、そして群青色をした湖の風景と、間違いなく不可分のように思えた。

リヴィオ・ヴァッキーニ設計の住宅
（出典：*Livio Vacchini*, Gustavo
Gili, 1987）

*　　*　　*

《1985年6月18日　火曜日　晴　10時前、ホテル・フロールホーフからチュー
リッヒ中央駅へ歩いた。「ロカルノに行きたいのだが」とたずねると、「それならア
ルト・ゴルダーで乗り換えろ」と言う。ツォークの次がアルト・ゴルダーだった。
かの高名なゴッタルド峠だ。キアッソ経由ミラノ行列車に乗った。「ロカルノはベリ
ンツォーナで乗り換えです」。汽車はうねうねと曲がり、上り、下り、左に湖、右に

ホテル・モンテ・ヴェリタのパンフレット

森、そういう光景が続いた。ピアスコの次がベリンツォーナだった。ここでまた乗り換え。30分ほど走ってどうにかロカルノに着いた。駅前からマッジョーレ湖が見えた。ロカルノはもう夏で、日差しが強かった。ツーリストが多い。リヴィオ・ヴァッキーニの事務所はパラッツォ・グランデの反対側ヴィコロ・トレッタ2番地にあった。》

　ヴァッキーニは五十がらみで、顔じゅうに髭を蓄え、きわめて知的な第一印象だった。夏服を着用し、首元にネクタイを締めていた。早速、工事中の建物を見に行った。その住宅はコンクリート造だが石貼りにするという。湖畔のロカルノから深い山間に入った。有名なヴェルザスカ渓谷を見た。突然、目の前に巨大なダムが現れた。その先には、花崗岩を積み重ねた壁に花崗岩の石盤で葺いた屋根の家々が並んでいた。陸屋根の上にさらに勾配屋根を乗せた住宅が見えた。それがヴァッキーニの設計した住宅だった。シンメトリーのプランで、大きな吹き抜けがあった。2階に上が

り、大きな窓を開けると遙か向こうの湖が室内に引き込まれてくるようだった。

そこからさらに山間を奥へと入った。山の中腹に石造の家がひとかたまりになって張りついていた。ここでは人々は昔からの悠久の時間のなかに身をゆだねて生きているようだ。やがて私たちは山間部を離れて再び湖の方へ戻り、今度はアスコナに入った。実は、本当に来たかったのはロカルノではなくてアスコナだった。彼は今晩の宿ホテル・モンテ・ヴェリタまで送ってくれた。このホテルは、1928年にドイツのエミール・ファーレンカンプが設計したものだった。今井兼次先生がファーレンカンプの単行本を出版していたので、なにやら懐かしくなった。

だが最大の関心はモンテ・ヴェリタの丘★2 そのものだった。モンテ・ヴェリタの話は上山安敏著『神話と科学』を読んで知ったのだが、さらに格好の案内書マーティン・グリーン著『真理の山、反知性運動はアスコナに始まる 1900-1920（Mountain of Truth: The Counterculture Begins, Ascona, 1900-1920)』も覗き見した。そして是非ともアスコナに行ってみなければと思っていたのだ。一休みしてから、モンテ・ヴェリタにあるカーサ・アナッタ博物館へ行った。閉館間際の博物館で、モンテ・ヴェリタの歴史をどうにか垣間見ることができた。19世紀後半から、ここには産業化されたヨーロッパに反発する人々が自然への回帰を求めて集まってきた。クロポトキンやバクーニンらが去来し、1900年頃からは、ベルギー人アンリ・エダンコヴァンらがコロニーを営んだ。菜食主義、裸体主義、原始社会主義などの思想は多くの人々の共感を呼んだ。ヘルマン・ヘッセ、カール・ユング、フーゴ・バル、シュテファン・ゲオルゲ、イサドラ・ダンカン、パウル・クレー、ルドルフ・シュタイナー、アンリ・ヴァン・デ・ヴェルデ、マックス・ウエバーたちが訪れた。モンテ・ヴェリタの思想がナチスの郷土主義やエコロジーの自然保護思想に繋がっているとする論者もいる。ア

スコナ生まれの建築家ヴァルター・ジーゲルが『アーキテクチュラル・レ
ヴュー』（1974年1月号）に思い出話を書いていた。

《タクシーでアスコナ郊外のヴァッキーニの自宅へ行った。鉄骨に合板のパネルを
張った家で、周囲は芝生を張った広い庭園だった。夫人と二人の娘さんも交えてワ
インを飲みながら歓談した。やがて夕食になった。庭の樹木はそよとも動かない。
大気は次第に冷えてきた。ヴァッキーニは赤いセーターを着込んだ。11時を過ぎて、
二人の娘さん、ジュリアーノとエロイーザはおやすみを言って部屋に入った。「東京
に戻ってヴァッキーニの作品は忘れても、ロカルノの風景は忘れません」と彼に冗
談を言った。ホテルに戻り、テラスに出ると、湖の対岸の灯がちらちらと瞬いて
いた。》

東京へ戻ると、ヴァッキーニからモンテ・ヴェリタの参考書が送られて
きた。しかしどういうわけであろうか、その後、ヴァッキーニは愛人と駆
け落ちをしてしまった。とうとうアスコナに戻ることもなく、モンテ・
ヴェリタはデュ・モーリアやフリードリヒ・グラウザーの小説で読むだけ
の遠い存在となってしまった。そして1992年からモンテ・ヴェリタの施
設はETHZの管理下に置かれることになった。

*1── Como。イタリア共和国ロンバルディア州北西部の都市で、その周辺地域を含む人口約8万2,000
人の基礎自治体。

*2──モンテ・ヴェリタ（Monte Verità）……スイスのティチーノ州にある基礎自治体アスコナの背後
にある丘。直訳すると「真理の山」。

17 すべての建築がホラインである

《1970 年 9 月 30 日　ウィーンに着いた。早速、コールマルクトにあるレッティ蝋燭店を見に行った。アルミニュームによるファサードには物質としての存在感があった。》

レッティ蝋燭店は初めて見たホラインの作品だった。

《1971 年 10 月 7 日　ニューヨーク、69 丁目イーストのフェイゲン・ギャラリーを見た。ステンレス・スティールの柱によるファサードはミッドタウンのアーバン・コンテクストよりもアーバン・テクスチャーとして寄与している。》

そのひと月前、ピーター・クックとハンス・ホラインへ手紙を書いた。手紙は『a+u』1972 年 1 月号「磯崎特集」の原稿依頼状だった。その結果、クックからは「磯崎論」が送られてきたが、ホラインからは梨の礫だった。彼の名前は、1968 年頃に雑誌『BAU 1/2』に掲載された宣言文「すべては建築である」によって承知していた。だがホライン自身に初めて会ったのは 1975 年であった。

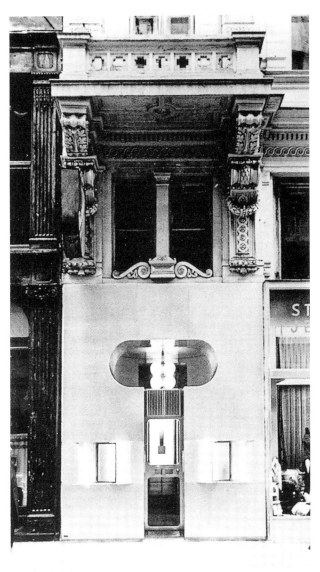

「レッティ蝋燭店」（1966）

$*$　$*$　$*$

《1975年10月22日　ミラノからウィーンに向かった。空港にはホラインの事務所のユレック・スヴィロが出迎えてくれた。ユレックはデューラーが描いたキリストのように悲しみに満ちた風貌のポーランド人だった。ウィーンの市内を歩いていると、シュニッツラーの小説に登場するような艶やかな顔つきの女性が目についた。投宿したホテルは「サヴォイ」だったが、名ばかりで、気に入らなかった。ホライン事務所に行くと、当のホラインは入院中だった。マデレーン・ジェネヴァインという老嬢に会った。彼女はホライン夫人ヘレンの実姉で、事務所のマネージャーだった。》

　マデレーンは何事についても一家言あって、以後、万事についてのよき相談役というよりも喧嘩相手になってくれた。

《ヘルマン・チェッヒと会った。丸顔の男で、湯上りしたような風貌だった。彼は所員ではなく、応用美術大学で一時、ホラインの助手を務めていたそうで、ホラインの作品に対しても遠慮会釈なく、厳しい批評を下した。ヘルマンはホラインの作品の特徴を変形論、意味論、非物質的環境論、都市計画論などの概念で要約してくれた。午後、グラーベンに完成したシュリン宝石店を見た。大理石のファサードには複雑な亀裂があって、それがファサードの物質性を露呈し、所謂、アーバン・テクスチャーであった。》

《10月23日　事務所に行くと、マデレーンから、ホテルを「サヴォイ」から「ザッハー（Sacher）」へ移すよう取りはからったと言われた。「ウィーンらしい雰囲気のあるホテルに泊まれ」というのが入院中のホラインからの指示だと言う。国立オペラ劇場の裏にある「ザッハー」に移った。ホテルには昔見た映画『たそがれの維納^{ウィーン}』の舞踏会の場面を思わせる雰囲気が漂っていた。しかしホテルの給仕長は気取っていて、上着を着ろだの、その料理はひとりでは多すぎるだのと、小うるさかった。グラーベンにある有名なカフェ「ハヴェルカ」に行った。店内はシュテファン・

ツヴァイクの短編小説「書痴メンデル」を思い起こさせるようなウィーン独特の雰囲気だった。夜はザッハーの豪奢な装飾のある部屋で、天蓋のあるベッドに寝ることになった。》

《10月24日　ヘルマンと大学病院にホラインを見舞いに行った。濃紺のガウンを羽織った彼は、長身、色白で、蓬髪をなびかせ、禿げ上がった額をしていて、イライラした口調で喋った。話は直感的で、かつ、明確だった。夜、ヘルマンの設計したカフェ「クライネス・キャフェー」に行った。芸術家らしい雰囲気のある男たちが大勢いた。ヘルマンからヴァルター・ピッヒラーやマックス・パイントナーに紹介された。》

ピッヒラーは彫刻家、パイントナーは画家で、彼ら二人はハインツ・ゲレツェガーと共同して『オットー・ワーグナー（Otto Wagner 1841-1918)』を出版していた。

《10月25日　美術大学教授グスタフ・パイヒル夫妻とホライン夫人ヘレンがホテルに挨拶に来た。ヘレンは小柄だが、よく目で物を言った。食事中、ヘレンが囁いた。「ウィーンにはまだ貴族がいるのよ」。》

＊　　＊　　＊

《1976年11月24日　ミラノからウィーンに着いた。空港にはヘルマンが出迎えた。小雪が降っていた。ホテル「レーミッヒャー・カイザー（Roemischer Kaiser)」に投宿、ここにもウィーンの伝統が残っていた。小雪の降りしきるなかをホラインは長い茶色の外套の裾をひるがえし、ソフトを被ってやって来た。カール・E・ショースキーによる『世紀末ウィーン　政治と文化』の原著を手渡され、「読みたまえ」。そして「折角、ウィーンに来たのだからオペラを見なくちゃいけないな」と言った。「ブリストル・ホテルのベル・キャプテンからオペラの切符を買いたまえ」。こうして、国立歌劇場でベートーベンの歌劇『フィデリオ』を桟敷席から眺めるこ

ウィーンの St.Stephan ギャラリーでのハンス・ホラインとヴァルター・ピッヒラーの
「二人展 ARCHITEKTUR」カタログ（1963）

とになった。幕間に着飾った人々の間を縫って、劇場内を駈けずりまわって詳細部
を眺めた。》

　《11月25日　雪の降るなかをホラインの事務所に行った。「君の作品は雪の結晶
のようだね」と言うと、ホラインはきらりと目を光らせて言った。「結晶ねぇ。その
メタファーは嫌いじゃないが、僕の作品は結晶とは言えないな。たとえてみれば紅
白二本の糸を縒り合わせたようなものだ。時々、糸が離ればなれになることもある
がね」。新しい作品を見せようとウィーンから南へ車を走らせて、ワインで有名なブ
リュンに着いた。そこからさらに奥に入ってペルヒトルズドルフ（Perchtoldsdorf）

シカゴの Richard Feigen ギャラリーでの展覧会カタログ（1969）

村に行った。最近作とは、村庁舎の会議室の改築だった。分厚い石の壁の奥に会議室はあった。室内は宝石を鏤めたように煌びやかだった。マホガニー製の楕円状の机が置かれ、その中央の床面にはイタリア産の白やブラウンや黒や緑の大理石で葡萄の木が象眼されていた。部屋の周囲の壁には金縁のメダイヨンが並んでいた。まさしく芸術品だった。素材は、ことごとく変形され、転移され、驚くほどに変貌していた。》

＊　＊　＊

《1979年6月26日　ザルツブルグを急行列車「モンフォルト」号で出発した。午後4時15分、ウィーン西駅に着いた。》

《6月27日　夕方7時、応用美術大学でチャールズ・ジェンクス夫人マギー・ケジックの中国庭園についての講義に出席した。ホラインの紹介からマギーの講義が始まった。一番前の席に座らされ、講義の後、ホラインに「君、何か言うことあるだろう？」とけしかけられた。ジェンクスは笑いながら見ている。やむなく「ウィーンで中国庭園を講演するくらいポストモダン的なことはない」と言ったのでジェンクスは大笑い。夕食はホライン夫妻、ジェンクス夫妻、オスワルド・マティアス・ウンガース、ヘルマンたちと一緒にとる。》

《6月28日ホラインの最近作、リング通りのオーストリア旅行代理店を見る。有名無名、さまざまな建築作品が引用されていた。》

その後もウィーンに行くたびにホラインの作品は見るようにしていた。

《1980年6月9日　ヴェネチア・ビエンナーレでパオロ・ポルトゲージが組織した「過去の現前」展に出展したホラインの「ストラーダ・ノヴィシマ」を見た。きわめてコンセプチュアルだった。》

《1982年11月6日　ウィーン、コールマルクトに完成したシュリンⅡのオープニングに立ち会った。今度は象徴的要素が混入していた。設計の方向は「ロースよりもむしろフロイト」だった。》

《1983年5月10日　ウィーン、カールスプラッツ駅に隣接した美術館で開かれた展覧会「ウィーンへ侵攻するトルコ軍」を見た。美術館の建物をウィーン攻撃のトルコ軍の陣営に見立てるというドラマティックな要素が随所に見られた。これは間違いなく、ジャン・エチエンヌ・リオタールの作品を引用したものである。》

しかし残念ながら、メンヒェングラートバッハのアプタイベルク美術館は見損なった。これこそホラインの最高傑作であり、コンテクスチュアリズムの傑作と言われたのだが、機会がなかった。

　そして 1984 年 7 月 22 日、第 5 回アイカ現代建築セミナーの講師とし
てホラインは来日した。スポンサーを説得し、家族全員同伴を条件にホラ
インに来日を同意させたのである。だから最初から彼はわがままだった。
ホラインは「このホテルは気にいらない。どうしてホテル・オークラじゃ
ないのか」と言い出す。仕方なくホテルを変えた。次は「講演時間が短す
ぎる」と言う。「俺は何時間でも喋る」と言うのだが、講演会場は 9 時ま
でだ。こういう難題をすべて解決し、ホラインを納得させるのが私の仕事
だった。なんとか御機嫌を取ろうと、家族を浅草へ連れていくやら、「鳥
金田」で食事をするやら、家内にホラインとヘレンの浴衣や下駄を用意さ
せるやらで大童だった。

　「ホライン・オン・ホライン」というタイトルで、つまりホラインによ
るホラインの解体構築を主題にした講演だった。ところが終了時間がきて
も、「もっと喋らせろ」と平然と講演を続けた。

　次の日、家族全員で京都に行き、「俵屋」に泊まった。夕刻にはホライ
ンもヘレンも浴衣掛けで下駄を鳴らして街を歩き、日中は暑い京都を見物
した。そして最後に大阪での講演もどうにか終わらせた。だが、ここで堪
忍袋の緒が切れて、「君はだいたいわがままなんだよ」と怒鳴りつけた。
ヘレンや子供たちの前で、いささか恥ずかしかった。

　翌朝、それも忘れたかのように一行は宮島見物などして、厳島神社へ
行った。丁度干潮で、海水はすっかり引いて神社は無惨な格好だった。ホ
ラインは橋がかりを歩いて、海の方を眺めていたが、振り返りざまに怒
鳴った。「水はどこだ。なぜ水がないんだ」。

18 ウィーンで会った建築家たち

　ウィーンにはよく通うことになった。といっても、もっぱらホラインに会うのが目的だった。ホラインはわがままだったが親切だった。多くの人を紹介してくれた。

　《1976年11月26日　ホラインは、ケルンでオスワルド・マティアス・ウンガースと会える手筈を取ってくれた。ダルムシュタットを案内してくれる建築家アンテ・フォン・コステラックを紹介してくれた。「大した奴じゃないがね」と言いながら。夕刻、ホラインの自宅のアパートへ招待された。そこはプリンツ・オイゲン通りに面していて、向こう側はベルヴェデーレ宮殿だった。彼の家族に会った。夫人のヘレンとは会ったばかりだったが、二人の子供、小学生のマックスと幼稚園のリリーは初めてだ。やがてヘルマン・チェッヒが現れ、そしてヴァルター・ピッヒラー、ヨハネス・シュパルト、ロブ・クリエ、ギュンター・ドメニク、ヴィルヘルム・ホルツバウアー、ギュンター・フォイエルシュタインたちがやって来た。シュパルトとホルツバウアーはホラインと応用美術大学での同僚、クリエとフォイエルシュタインは工科大学教授、ドメニクだけはグラーツの工科大学教授。ピッヒラーは応用

「シラー広場の六人の建築家たち」（美術大学はシラー広場に面している）
左からヨハンネス・シュバルト、ハンス・ホライン、ヴィルヘルム・ホルツバウアー（後）、グスタフ・バイヒル（前）、
ヨーゼフ・ラックナー、ヨハン・ゲオルク・クトイ
（出典：*Sechs Architekten vom Schillerplats*, Akademie der bildenden Künste Wien, 1977）

美術大学出身の彫刻家でホラインのかつての相棒。丸刈りで快活で剽軽。クリエは
口髭、ホルツバウアーは八の字髭、ドメニクは五分刈り、フォイエルシュタインは
白髪、シュバルトは眼鏡。》

　こんな風にして各人の特長を覚えた。

　《11月29日　3時、工科大学にロブ・クリエをたずねた。「弟（レオン）から聞
いていましたよ」。学内ホールでのクリエの展覧会を見た。カミロ・ジッテに影響さ
れたらしい都市の広場についての研究だった。著書『シュタットラウム（Stadtraum
都市空間）』を貰った。6時、ヴィルヘルム・ホルツバウアーが来て、ヘルマン設計

の喫茶店「クライネス・カフェ」の上階の彼の自宅に連れて行かれた。前夫人と会い、居合わせた女流デザイナーを誘って、有名なレストラン「ドライ・ヒューザレン（三人の騎兵）」に行った。かつては第一流だったが最近は駄目になったと彼らは言い合った。》

　その後、クリエの著書は岸和郎さんが英訳版『アーバン・スペース』を翻訳して『a+u』臨時増刊号として出版された。

　《1979年6月29日　ヘルマンとドナウ河の岸辺にあるアルテンベルクに行った。アルテンベルクとはアドルフ・ロースと親交のあった作家ペーター・アルテンベルクが筆名にした由来の地だそうな。鬱蒼とした林の中にテオフィール・フォン・ハンゼンが建てたヴィラがあり、ヘルマンがその内部改装をしたところだった。ヴィラの傍らを流れるドナウ河は青いどころか、どす黒い激流だった。》

　《1988年6月14日　ウィーンは夏のように暑かった。コープ・ヒンメルブラウを訪れた。ヴォルフ・プリックスと会った。相棒のヘルムート・シュヴィチンスキーは留守だった。昼過ぎ、20世紀美術館でフレデリック・キースラー展を見た。さすがに故国だけあって、豪華なカタログが出版された（翌年、89年にはニューヨークのホィットニー美術館でも同展覧会が開催された）。夜、ルプレヒトプラッツにあるレストラン「ザルツァムト」に行った。このレストランもヘルマンの設計で、彼の意図はウィーン工作連盟の作風を想起させることにあったようだ。どうやら芸術家、知識人たちの集合場所らしく、同席したのはコープ・ヒンメルブラウのヴォルフ・プリックス、ヘルムート・シュヴィチンスキー、応用美術大学付属美術館館長ペーター・ノエヴァ、美術大学教授カール・プルシャ（彼は、東京の丹下健三事務所で神谷宏治さんから紹介された）。やがてヴィルヘルム・ホルツバウアーが新夫人泉マリさんを連れてやって来た。マリさんはウィーンで音楽の勉強をしていたとのこと。》

　《6月15日　8時半、先夜の約束どおりヴィルヘルム・ホルツバウアーが迎えに来た。彼の運転でザルツブルグへ向かった。途中は平坦な道だった。彼の設計した大学を見た。彼の作品はすべて大まかで面白くない。しかしヴィルヘルムは応用美

術大学の学長だし、作品集を何冊も出版し、もっぱら公共の建物を設計することもあってオーストリアでは大変な勢力の建築家である。ザルツブルグで17世紀に建てられたヘルブリュン宮殿を見た。ヴィルヘルムに言わせると、この建物が彼の作品の背景になっていると言う。帰り道、アニフという城下町の料理店に入った。栗の木の下にテーブルを据えて、人々は三々五々、家族連れ、二人連れ、あるいはひとりで昼食をとっている。「ほら、向こうに一軒家があるだろ。あれはヘルベルト・フォン・カラヤンの別荘だよ」。無論、カラヤンは姿を見せない。》

《6月17日　ザイド通りのハインツ・テーザーの自宅に行った。夫人のヘルガに案内されてアトリエに入ると、ハインツがぽつねんと座っていた。官能的感触のスケッチを描いていた。》

　その頃はスケッチばかり書いていたが、2008年1月から2月にかけて代官山ヒルサイドテラスで「ハインツ・テーザー建築展」が開かれ、20年ぶりに会った。そして教会やら美術館やら博物館などを実現しているのに驚いた。しかもこれらの作品はどれも空間が層状構成になっている。聞けば、ヘルガは癌で亡くなったそうで、今では息子と生活しているとのこと。

《1993年6月13日　ブリストル・ホテルに投宿。12時半、ウィーン生まれでETHZ出身の写真家エドワルド・フェーバーの車でウィーン郊外のカーレンベルクへ行った。それは「ウィーンの森」の縁にある小高い丘で、頂上からはウィーン市を望見できるテラスがあった。そこから見るとウィーンは平らな皿のようだ。エドワルドによると、作家カール・クラウスがここを訪れ、市内を望見して「ウィーンはいつも変わらない」と言ったそうだ。》

《6月15日　1時、ザイラー街のコープ・ヒンメルブラウを訪れ、ヴォルフ・プリックスとヘルムート・シュヴィチンスキーと会った。三人でウィナー・シュニツェルを食べながら噂話をした。彼らはスイスとの国境の町ヴァイル・アム・ラインのヴィトラ社から戻ったところで、なんでもフィリップ・ジョンソン主催のパーティー

MARGARETE SCHÜTTE-LIHOTZKY

「マルガレーテ・シュッテ゠リホツキー」展カタログ

があり、ザハ・ハディドやスティーヴン・ホールもいたそうだ。ヴィトラ社の施設
のなかでザハの消防署の建物はよいが、安藤の記念館は退屈とのこと（数年後、ヴィ
トラ社へ訪問したが同社施設のなかで圧倒的存在はフランク・O・ゲーリーの「デザ
イン博物館」である。ほかにニコラス・グリムショウやエヴァ・ジリクナの建物も
ある）。午後7時45分、雨の降る中をホライン夫妻がホテルに来た。三人でウィー
ン応用美術大学付属美術館へ行った。この日、マルガレーテ・シュッテ゠リホツキー
女史の大回顧展のオープニングがあった。大勢の人に囲まれながら、館長のペー

1922年に完成したフランクフルト・キッチン
（出典：「マルガレーテ・シュッテ＝リホツキー」展カタログ）

ター・ノエヴァや美術大学建築学科長カール・プルシャと懐旧の挨拶をした。講堂
の中は人が一杯で入れない。ホールのヴィデオで挨拶を聞いた。展覧会のあまりの
厖大な展示に驚くばかりだった。》

　実はリホツキーが存命だったことも知らなかった。年代順の展示を見る
と、彼女の生涯は波乱に満ちたものだった。工芸学校に学び、ホフマンや
テッセノウ、とりわけシュトルンドに個人的に就いて、住宅の設計、なか
でも厨房の改革に熱中した。ついでながらシュトルンドは映画『たそがれ

の維納<ruby>ウィーン</ruby>』の舞台装置を設計した人だ。その後、リホツキーはフランクフルトに行き、建築家で都市計画家のエルンスト・マイと共同した。彼の下で、所謂「フランクフルト・キッチン」をデザインした。シュッテという建築家と結婚、そして死別。コミュニズムに共感をもってマイと共に旧ソ連に行った。1932 年には来日、京都を旅行した。ブルーノ・タウトと一緒の写真もあった。小さなノートには日本の住宅のプランや障子の姿図が残されていた。

　ペーター・ノエヴァが彼女に紹介してくれた。96 歳にしては耳も目もしっかりしていた。何を聞き違えたのか、「えぇ、ミュンヘンから来たのですって？　おや、日本からですか。まあ、京都のことは憶えていますよ」と言って、握手をした。その後、会場でヘルマンからヨハン・ゲオルク・クトイを紹介された。日本ではまったく知られていない建築家だが、ウィーンではホライン、パイヒル、ホルツバウアー、シュパルトに並ぶ美術大学出身の逸材として知られている。見たところ村夫子のようなクトイだが口ごもっているのを見ると、向こう側からヘレンが目配せをして早く来いと急かせた。ホライン夫婦やチャールズ・コレア夫妻と、ホラインの設計したハース・ハウスのレストランへ行った。ホラインからオーストラリアの建築家ハリー・サイドラーに手を焼いた話を聞いた。サイドラーはオーストラリア人かと思ったら、彼もまたウィーン出身であった。

19 ル・コルビュジエをめぐる人々

《1979年6月1日　ボローニャに再建されたル・コルビュジエのレスプリ・ヌーヴォー館を見に行った。ミラノ中央駅に駆けつけ、切符も買わずにいきなりリミニ行急行列車の二等車に乗り込み、そのままボローニャへ着いた。後で、そりゃ君ただ乗りだぜとからかわれた。タクシーでピアッツァ・デラ・コスティツィオーネ（国際建設展会場）に行った。そこにレスプリ・ヌーヴォー館が侘びしげに建っていた。開館前だったが、愛嬌のある小母さんの計らいで、運よく入館できた。1925年パリ万国博覧会では会場の片隅に建てられたため、歴史家のヘンリー・ラッセル・ヒッチコックも見損なったという曰くつきの建物だ。今回ボローニャの国際建設博覧会では、一番見晴らしの利く場所に建っていた。》

パヴィリオンに入ってみると、当時のル・コルビュジエが自説や自作を宣伝しようと奮闘している様子がよくわかった。だが、往時の写真で見るパヴィリオンは、周囲の建物に対抗してあえて展示場建築の仮設性を強調し、反対にその室内は近代を象徴する家具、絵画、彫刻、器具などを装備して居住空間の原型を提案し、都市空間のあり方をパノラマで見せるなど

1979年ボローニャでの「レスプリ・ヌーヴォー館再建展」カタログ

意欲的であったが、この再建されたパヴィリオンにはがらんとした空洞感だけしかなかった。パリの100万人都市を描いたパノラマもないし、リプシッツの彫刻もないし、フェルナン・レジェの絵画もないし、絨毯もなく、模型飛行機もなく、地球儀もなく、すべてが再建計画そのものに懸かっているかのようだった。

　いささか失望して外に出ると、ボローニャの建築雑誌『パラメトロ』の編集者シルヴィオ・カッサーラがやって来た。彼はコルシカ島出身の建築家だ。やがて、眼鏡をかけ、口髭をたくわえたジュリアーノ・グレスレッリが来た。彼はボローニャ生まれで、ボローニャ大学出身の建築史家であ

1979年ウィーンの Section N での「Neue Le Corbusier Möbel」
ポスター

り、弟の建築家グラウコと一緒に、今回のレスプリ・ヌーヴォー館再建運
動に貢献した。パヴィリオンのカタログを貰い、とりあえずグレスリンと
カッサーラにパヴィリオン再評価の論文を依頼した。今回の国際見本市の
会場には、歴史家のレオナルド・ベネーヴォロが設計したという建物や丹
下健三の高層建築もあるというので、早速、見に行った。二つともボロー
ニャの都市景観とは異質の白い高層建築だった。

　そのあと三人でボローニャの古い街並みを歩いた。第二次世界大戦中、
連合国の空襲を受けたとは思えないほどに、ここは圧倒的に赤煉瓦の街
だった。グアディアの丘に登って市内を見下ろすと、褐色の街は暑い日差

しの中で燃えているようだった。日が落ちて、今度は乗車券を買ってミラノへ帰った。

6月5日、ヴェネチア空港を夜10時に離陸し、11時、パリ、オルリー空港に着いた。オペラ座の隣のホテル・リッチモンドに投宿した。新建築社写真部の小川泰佑さんと会った。

6月6日、三宅理一さんがホテルに来た。三宅さん、小川さんと三人でメトロに乗り、ジャスミンで降りて、ドクトゥール・ブランシュ広場に行った。

この辺りはパッシーと呼ばれ富裕階級の住宅が多い。目指す住宅はスイスの銀行家ラウール・ラ・ロッシュ邸とル・コルビュジエの弟のアルベール・ジャンヌレ邸を連続させた二軒長屋である。ル・コルビュジエの住宅の分類によれば「機能分類型」と呼ばれるもので、柔軟なタイプの住宅とされる。ル・コルビュジエの初期の作品に共通する白い壁が長々と続いているが、内部は、一時、シャルロット・ペリアンが手を加わえているとか。現在は居住者はなく、ル・コルビュジエ財団が保管、管理している。

真っ先に目につくのが高窓のある湾曲した白い壁である。こうした円形の壁はショー・ド・フォン時代の住宅からとり入れられているが、その内部がどうなっているのか知りたかった。中に入ると内部は意外に明るかった。そして湾曲した壁に沿って斜路が上階へと走っている。両側の高窓からの光が室内を平均的に照らし出している。その壁面には近代絵画収集家としてのラ・ロシュが集めたアンドレ・ボーシャン、ジョルジュ・ブラック、フアン・グリス、ル・コルビュジエ、フェルナン・レジェ、ジャック・リプシッツ、アメデオ・オザンファンたちの絵画、彫刻などが配列されている。しかし面白いのは、ギャラリーと入口とを結ぶ結節点で、その空間の取り合いだった。これがル・コルビュジエの言う「建築的プロムナード」である。室内は意外に狭かった。残念ながらアルベール・ジャン

ヌレ邸のほうは見ることができなかった。それでも小川さんはル・コルビュジエの作品とあって、緊張して撮影していた。

この時に撮影したラ・ロッシュ邸の写真は、ジョン・ヘイダックの詩「ラ・ロッシュ」と併せて『a+u』1980年1月号に掲載された。その詩は次のように始まる──十月の　暮方の　ラ・ロッシュは　理性に面を向けている　沈める庭石の　暗がりの儀式　冷え冷えとしたホールの　空いたままの説教壇──そしてこう終わる──何も言わぬのが最善なのだ　今　夜が明ける　ここ　ホワイト博士広場──ヘイダックはブランシュを英語のホワイトに直している。

6月8日、フェルナンド・モンテスに伴われてピエール・シャローの「メゾン・デ・ヴェール（ダルザス邸）」を見に行った。「二川幸夫さんが撮影権を持っているから写真は撮れないよ」とモンテスは言った。この建物の工事中、ブライヤー・パイプをくわえ、暗い色眼鏡をかけた、山高帽をかぶった奇妙な男が朝まだきだというのにうろつき回り、ノートをとったり、ガラス・ブロックにじっと目を据えていたらしい。実は、これが人目を忍んで、変装したル・コルビュジエだとチャールズ・ジェンクスは言うのである。一体、ル・コルビュジエは「メゾン・デ・ヴェール」から何を盗み取ろうとしたのだろうか？ ケネス・フランプトンは鉄骨構造やガラス・ブロックではなかったかと言う。確かにこの変装事件の直後、ル・コルビュジエはポルト・モリトーの集合住宅（自宅）や「メゾン・クラルテ」を手がけている。ジェンクスはロシア構成主義の影響とあいまって、ネッスル・パヴィリオンや、なんとソヴィエト宮殿であると言う。しかし「メゾン・デ・ヴェール」とル・コルビュジエを直接的に結びつけるものはないように見えるのだが。

《6月9日　小川さんとサン・ラザール駅から電車に乗って1時間、ポワシーに行った。散々歩き回って、やっとサヴォワ邸に着いた。「小うるさいばあさんがいる

よ」と注意された門番の老婆も見当たらず、やがて茫々とした草むらに囲われたサヴォワ邸を目の当たりにして惘然とした。これがル・コルビュジエの最大傑作なのか。まるで廃墟さながらだった。》

保険会社を経営する施主夫婦が週末住宅にと依頼した贅沢な家がこんな無惨な姿を曝すとはなんたることだ。

アメリカ人の建築家に会った。彼もこの惨状に驚いていたようだった。ひとり、誰もいない室内をさまよっていると、なぜか彼のアイディアが、彼がこの住宅に寄せた想いがわかるような気がした。ル・コルビュジエは、この住宅をひとつの夢にしたかったのだろう。四面を壁に覆われ、額縁状の窓からは周囲の田園風景が観賞できて、しかも地上からは浮遊している。それは彼の言う「ヴェルギリウスの夢」である。彼が唱えた「建築五原則」などはここでは二の次だ。この住宅は天に向かって開かれた箱なのだった。

室内を歩いていると何か物足りないものを感じた。たとえ週末住宅とはいえ、どこかに生活の匂いがするはずだ。だがそれがまったくないのだ。昔、学生時代に明石信道先生が「こんな家に普通の夫婦が住めると思うかい？ これはお妾さんの家だな」と言ったことを思い出した。だがそのとおりだ。ル・コルビュジエはここでは住宅から機能を払拭して純粋立体に還元してしまった。

＊　＊　＊

1987年5月4日、抜けるような青空のパリ。16区、ニュンジセール・エ・コリ街24番地、ル・コルビュジエのアトリエをたずねた。巨匠亡き後、アトリエは弟子のアンドレ・ヴォジャンスキーが管理している。ヴォジャンスキーの夫人が彫刻家マルタ・パンさんで、なぜか彼女とは昵懇の

仲なので、ヴォジャンスキーへ斡旋してもらった。二人は郊外から駆けつけてくれた。

この建物はル・コルビュジエの著書『輝く都市』に登場するポルト・モリトー開発に含まれるパリ16区にある。6階建ての建物で、いわば、都市の中の集合住宅である。その最上階の2階部分をル・コルビュジエが1933年から逝去するまで使用していた。

《エレベーターを出て、ガラスで囲われた狭い廊下を通ってアトリエに入った。室内は予想に反して狭く、しかも質素な造りで、そのうえ人間的なスケール感があり、居心地がきわめてよかった。石積みの壁があった。写真で見ていた家具や絨毯は見られなかった。だがサヴォワ邸とは雲泥の差だ。寝室などおどろくほど狭かった。屋上庭園からはブーローニュやムードンの森が見えた。部屋の片隅に小さな木製の机があり、前の小窓を開けるとパリの空が見えた。ああ、こんなところでル・コルビュジエは原稿を書いていたのだ。

傍らに水道の蛇口があった。思わずヴォジャンスキーにたずねた。「彼はこの水道の水を飲んでいたんでしょうね」。巨匠が「片隅」に寄せる愛着がひどく気に入った。》

その年の10月、再びサヴォワ邸を訪れることになった。雑誌『モニテュール（Le Moniteur）』が主宰する「レケール・ダルジャン（銀の定規）」賞の1987年の審査員を依頼されたのである。その審査会場がなんとサヴォワ邸だった。審査員は建築家としてバルセロナのオリオル・ボヒガス、パリのアドリアン・フェンシルベール、ロンドンのノーマン・フォスター、雑誌編集者として『アビターレ（Abitare）』のフランカ・サンティ、『AMC』のジャック・リュカン、『a+u』の私、『モニテュール』側からドミニク・ブデ、エリザベス・アラン=デュプレなどである。

《10月5日　二台のバスでパリからポワッシーのサヴォワ邸へ行った。8年前と同じように無人のままだった。》

多少、その日の作業のために室内は片づけられていた。だが家具の類は一切なかった。空中庭園に面した何もない部屋、つまり居間で審査員が集まって候補作品のスライドを眺めた。審査はフォスターが主審となり、ボヒガスが副審となった。

審査の対象作品は、無論、フランスの建築家の作品だけだ。「最高賞」の対象は私のまったく知らない建築家ばかりだった。「銀の定規賞」はイヴ・リオン、ミッシェル・ブールデュー、ジャン・ヌーヴェル、ホセ・ウーブリエ、クリスチャン・オーヴェッテ、ドミニク・ペローらの、多少、知っている建築家たちだった。審査されている作品を見て、どうしてフランス人は工業的イメージにこだわるのだろうか、と不思議だった。ややこしい審査だった。次第に退屈になってきた。こう居続けるとサヴォワ邸も次第にあきてきた。

5時、そぼふる雨のなか、サヴォワ邸を後にした。「ノーマン、こんな家に住めるかね？」彼はにこりともせずに言った。「住めるともさ」。あとで事情通の森田一敏さんから聞いたところによると、今年の受賞者は最初からジャン・ヌーヴェルに決まっていたとか。

そして審査会の余禄が10月6日のル・コルビュジエ生誕100年を記念する回顧展への招待だった。

ポンピドゥー・センターに行くと、アルフレッド・ロートがいて、シャルロット・ペリアンに紹介された。スタニスラウス・フォン・ムース、アンドレ・ヴォジャンスキー、マルタ・パン、ノーマンとウェンディ・フォスター夫妻、ジュリアーノ・グレスレッリ、ジャン・ヌーヴェル、ブルーノ・ライヒリンたちと会った。497頁の大カタログ、『ル・コルビュジエ百科事典（Le Corbusier: une encyclope, 1987)』を貰った。これが審査会の最大の報酬だった。

これに類する展覧会はロンドンとチューリッヒで見ていた。その年の4

月 25 日、フランプトンの薦めでロンドン・サウス・バンク・センターの
ヘイワード・ギャラリーで開催の「世紀の建築家ル・コルビュジエ（Le
Corbusier: architect of the century）」を、5 月 10 日、フォン・ムースの薦めで
チューリッヒの工芸美術館で開催の「レスプリ・ヌーヴォー：ル・コル
ビュジエと産業 1920-1925（L'Esprit nouveau: le Corbusier et l'industrie 1920-
1925）」展を見学した。

＊　　＊　　＊

　毎年、プリッカー賞審査員は審査の対象となる作品を見学したり、建築
家に面会する見学旅行をしている。1994 年 3 月のこと、ロンシャン教会
堂に行った。実はロンシャンのチャペルの見学は予定に入っていなかっ
た。バーゼルでヘルツォーク＆ド・ムーロンの作品を見学し、グランド・
ホテル「レ・トロワ・ロワ（三人の王様）」に宿泊して、彼らと一緒に夕食
を取った。翌朝、「ここまで来たらロンシャンを見ようではないか」と誰
かが言い出した。

　《3 月 27 日　バーゼルを立ってコロマーに向かった。ウンターリンデン美術館の
グリューネヴァルトのイーゼンハイムの祭壇画を見たいと言い出したのは審査委員
長で美術史家のカーター・ブラウンである。まさしく祭壇画は聖なる静けさを湛え
ていた。ベルフォールの城を見ながら山岳を越えて、ロンシャンへ着いた。陽は傾
きかけていた。丘の上にくっきりとあのチャペルの塔が見えた。丘の上には人はほ
とんどいなかった。緑の芝生にスタッコの白い荒壁はなにやら聖なるものを思わせ
た。堂内に入ってステンドグラスの壁面を見ていると、隣にいたフランク・ゲーリー
が言った。「ここが一番好きな場所なんだ」。》

　このチャペルが完成した時、それまでのル・コルビュジエの作品とは
まったく違っていて、同じ建築家の作品とは思えないほどの変貌に驚い

ロンシャン教会堂の入場券

た。その頃（1955年）、ロンシャンのチャペルについて吉阪隆正先生の講演があった。「コルビュジエの最初のスケッチは、丘が描いてあって、頂上にくしゃくしゃとしたものが描いてある。それを持ってきて、これをつくろうと言う。それでもみんな一斉に製図板に向かうんだ。それでああいうものができるわけだ。……事務所に器用な男がいてね、ワインの壜にはいろいろの色があって、その壜を砕いて、その欠片を石膏で固めてステンド・グラスをつくったんだ」。

　吉阪先生は1953年にパリから帰国されたばかりで、カモシカの模様のついたセーターを着て真っ黒に日焼けした顔で現れた。われわれに与えられた課題はパリのル・コルビュジエの事務所で御自分が製図の線を引いたナントの「ユニテ・ダビタシオン」の平面図と立面図をコピーすることだった。それはマルセイユのものとほぼ同一だった。ちょうどル・コル

ロンシャン教会堂におけるフランク・O・ゲーリーと筆者
（撮影：チャールズ・コレア、1994年3月27日）

ビュジエの『モデュロール』が先生の翻訳で出たばかりだった。

　そういう状況のなかでのロンシャンのチャペルはあまりの変化だった。すぐに先生へ手紙を書いた。「民俗的なものが……」「反近代的なものが……」とわけのわからない言辞が連ねてあったらしく、すぐさま先生から返事があった。「君の手紙は何度読んでもわからない。至急、出頭すべし」。おそるおそる百人町の自宅にお伺いした。荒々しいコンクリートのピロティの住宅だった。半纏を着た夫人が現れた。板の間に汚れた布団がかけてある炬燵に入って、先生と話しているうちに、ロンシャンのチャペルは、これはこれでよいのだと思うようになった。

20 ロンドンの建築家たち

1975年10月7日、JFK空港からヒースロー空港に着いた。GLC[1]に勤めていた新居千秋さんと、友人の久野さんが出迎えてくれた。その日は、厚かましくも、新婚早々の新居さんのフラットに落ち着いた。

新居さんとは1971年フィラデルフィアで初めて会った。その頃、彼はペンシルヴァニア大学に留学中だった。同じく慶應義塾大学仏文科出身の田中高さんに紹介された。新居さんは旧武蔵工大の出身で、広瀬鎌二さんの薫陶を受け、抜群の製図能力をそなえていたが、さらに恐るべきお喋りだった。近況挨拶がすむと、たちまち新居さんのすさまじいお喋りが始まった。話題は次に次に変わり、話は深夜にまで及んだ。

10月8日、新居さんに案内してもらい、スミッソン夫妻の家をたずねた。住居は郊外の草むらの中の一軒家だった。あいにく、ピーター・スミッソンは留守だった。

夫妻には、1960年の世界デザイン会議のおりに、国際文化会館でお目にかかっていたが、ピーターの禿げ上がった額と憂鬱そうなアリソンの笑

顔からくる第一印象はあまりよくなかった。そのせいもあって、この日の会談はいささか面倒だった。そこで「英語は喋れません」と言いわけして新居さんに通訳してもらった。アリソン・スミッソンは疑わしそうな顔つきでこちらを眺めて、「本当に英語が喋れないの？」と言っていた。

さて後日、夫妻から提案されたのは論文「フォントヒル教会の再建計画」の掲載だった。チームＸの闘将も、「エコノミスト・ビル」（1959-65）以後は実施作品はなかったらしい。さすがに「フォントヒル教会」はわれわれにはまったく馴染みのない建物だったので、論文を掲載する勇気はなかった。それにしても原稿料を払って、ずいぶん浪費をしてしまったものだ。

＊　　＊　　＊

10月9日、ノーマン・フォスターをグレイト・ポートランド・ストリートの事務所にたずねた。その頃、フォスターは「チーム４（ノーマン・フォスター、リチャード・ロジャース、スー・ブランウェル、ウェンディー・チーズマン）」を解散して、ノーマン・フォスターとウェンディー・フォスター（旧姓チーズマン）による「フォスター・アソシエイテッド」を設立していた。現れたフォスターは、いがぐり頭で、ミッソーニの虹色のシャツを着込み、スニーカーを履いていた。

用件を告げると、にこりともせず、「今回の出版は最近作だけにしよう。作品は年代順の配列にし、レイアウトも表紙のデザインも自分たちでする」。話はこれだけ、ものの５分も掛からなかった。言い終わるとフォスターはすぐさま事務所へ駆け戻った。資料を貰いに地下室に行ったが、部屋の一方の壁の下半分にガラスが張られ、その奥に、スライドが作品ごとにずらりと整理されて並んでいる。さすがハイテク建築の建築家だけに整

『アーキグラム』9号（1970, 最終号）

理、整頓は身についている。

　だが、この時編集した特集号はさっぱり売れず、経営者は売り上げグラフを眺めながら、「なぜ売れないのだ」と怒鳴った。その頃のフォスターの作品は工場建築が多く、もっぱら表層だけの建築ばかりだった。

　後年、ノーマンとウェンディーが来日し、東京の建築を案内した。代々木の「体育館」は注意深く眺めていたが、そのあとの表参道の「ハナエ・モリビル」を見て、ノーマンは「スキン・ディープ」と言った。痛烈な一言だった。ウェンディーは1989年に癌で亡くなり、その後、ノーマンは二度結婚した。彼は実子のほかにヴェトナム人二人を養子にしている。

＊　　＊　　＊

　10月10日、AAスクールをたずねた。秘書のジャッキーを通して学長のアルヴィン・ボヤスキーに会った。その後でピーター・クックに会っ

左の人物はコーリン・ロウ、右の建物はルートヴィヒ・レオの作品（出典：Peter Cook, *NET*, 1975）

た。クックは緑の縁の丸い眼鏡をかけ、セーターも上着もシャツもネクタイも靴下も、ついでに靴まですべて緑色だった。大柄な身体で、髪を短く刈り上げ、前歯が抜けていて、小鳥のさえずりのような声で喋った。「アーキグラム・グループ」の雑誌『アーキグラム』は廃刊されていて、替わりの新しい雑誌『Art Net』を貰い、事務所に立ち寄った。フラットの一室だった。

　その後、ピーターは私のためにパーティーを開いてくれた。パーティーには主に AA スクール出身の若手建築家たちが集まった。クリスチーヌ・ホーレイ、ピーター・ウィルソン、トム・ヘネガン、ナイジェル・コーツ、ロン・ヘロン、それにジェイムズ・ガワンまで来た。ガワンはスター

20 ロンドンの建築家たち

143

リングとは別れて事務所を持っていた。ここに集まった建築家たちはピーター同様、もっぱらドローイングばかりを描いていた。ピーターが編集した『a+u』1977 年 10 月号は「『建てられざる建築』アンビルト・イングランド」特集と名づけられ、彼らの作品をはじめとして、スターリングやロジャースの作品までも掲載した賑やかさだった。

AA スクール出身の建築家たちをさらに紹介してくれたのは学長のアルヴィンだった。彼は、AA スクールとは 19 世紀以来の独立独歩の建築学校で、ここから多くの建築家が育ったと力説した。フィリップ・ダウソンとかデニス・ラスダンという大御所は勿論のこと、リチャード・ロジャース、マイケル・ホプキンス、ニコラス・グリムショウといったハイテク建築家も AA スクール出身である。出身者には AA dipl という肩書きがつくと言う。それに、建築家ばかりではなく、ケネス・フランプトン、デニス・シャープ、ハーバート・ムシャンプといった評論家や歴史家も AA スクールの出身だと言う。

AA スクールは教育活動のほかに展覧会開催や出版活動も行っていた。デニス・シャープは『AA クォータリー（AA Quarterly）』の編集をしていたし、そのほか、「メガ・シリーズ」や「フォリオ・シリーズ」や「ワークス・シリーズ」といったシリーズ物も出版していた。しかし見たところ教師も学生たちもドローイング、それもヴィジョナリーなドローイングばかりに熱中しているように見えた。アルヴィンは『a+u』などを通じて AA スクールの活動を世界に訴えたいと言うのである。

夕刻になると、まだ無名だったザハ・ハディドをはじめ数名の若者を従えて、スワロー通りのオイスター・バー「ベントレー」へ乗り込んだ。中華料理店やインド料理店にも行った。さらにアルヴィンの自宅にも招待された。彼は大変な蔵書家で、古本市で会った時には、会場を飛び回っていた。そのアルヴィンも亡くなり（ピーター・アイゼンマンが見事な、そして痛切な

追悼文を書いた）、夫人のエリザベスも亡くなり、息子のニコラスが AA で教えている。

*　*　*

ロンドン滞在中に、あるレストランでチャールズ・ジェンクスと落ち合った。ふかふかの茶色い毛皮の帽子を被り、眼鏡をかけ、気弱そうに見えたが、いざ話すとなると立て続けに喋りまくった。この頃、ジェンクスは名門ケジック家のマギー・ケジックと結婚してロンドンに住んでいた。『ポスト・モダニズムの建築言語 (The Language of Post-Modern Architecture, 1977)』は出版される前で、それに得意の自邸もまだ完成していなかった。

セドリック・プライスにも会った。長髪をきれいに撫でつけ、糊のきいたクレリックカラーのシャツを着て、黒の細身の上下を着込み、黒のタイを締め、太いシガーをくわえていた。おそろしく汗かきだった。彼の説明する「ファン・パレス」とか「路上大学」とか「シンクベルト」といった奇想、奇抜な発想も、彼の描く簡単な概念図のようなスケッチでは、どうにも伝わりにくく、日本の建築雑誌向けとは言い難かったため、やむなく遠慮することになった。

*　*　*

翌 1976 年 11 月 14 日、ロイヤル・ガーデン・ホテルに投宿した。ヒースロー空港から乗ったタクシーの運転手が話しかけてきたが、そのコックニー訛りにたじたじだった。昼過ぎ、ピーター・クックが現れたが、この日の彼は何もかもすっかり黒ずくめだった。クックは『a+u』がインスティテュートの『オポジションズ』のようになるなと忠告した。

アーキグラム・グループのひとり、ロン・ヘロン夫妻もやって来た。1974 年にアーキグラムは解散したが、ロンは、「アーキグラム・グループの隠れた手」と言われるテオ・クロスビーたちとデザイン事務所「ペンタグラム」を組織し、『リヴィング・バイ・デザイン』と題したカタログ集を出版していた。さらに「ペンタグラム・ペイパーズ」という薄くて小型の叢書を 8 巻も出版している。その第 2 集『ザ・ペシミスト・ユートピア』はテオ・クロスビーの執筆になり、第 5 集『社会的ならびに歴史的観点からみた国際連盟建築設計競技 (Pentagram Papers 5 "The Palace of the League of Nations An Architectural Competition in Its Social and Historical Context", 40p)』はロン・ヘロンの執筆であった。

　アーキグラムの他のメンバーであるデニス・クロンプトンとは AA スクールで会った。彼は建築設計から離れて出版物の執筆や編集などを担当していた。マイケル・ウエッブとはニューヨークで会うことになった。ウォーレン・チョークとデイヴィッド・グリーンにはとうとう会えなかった。

　ケネス・フランプトンもやって来た。ニューヨークで会った時とは随分違った印象を受けた。ちょっと上目づかいで人を眺め、時々、どもりながら、やさしげな口調で話した。自分も AA スクール出身の建築家であること、イスラエルでは建築設計の仕事をしたこと、雑誌『アーキテクチュラル・デザイン』の編集者であったこと、ロンドンでは王立美術学校で教えているが、コロンビア大学の前にプリンストン大学で教えたこと、などを話してくれた。話の途中、万年筆を取り出してスケッチを描いて説明してくれた。

* 　* 　*

11 月 15 日、9 時、「アロプ（アラップ）・アソシエイツ」をたずねた。日

リタ・ウルフの油絵。レオン・クリエの
計画案のために（1992）

本を出る時、「アロプ・アソシエイツ」と「アロプ・アンド・パートナー
ズ」とは違うのだよと、東大留学生の構造技術者デイヴィッド・ハウエル
ズから注意されていた。所長のフィリップ・ダウソンに会った。黒のスー
ツを着込み、端然と背筋を伸ばして、厳かな口調で話した。悲しいかな、
彼の言うことがまったくわからなかった。だが、ともかく頭だけは頷いて
いた。彼は、時々、「わかりますか」と念をおした。話が終わると、ダウ
ソンはこう言った。「本当にわかりましたか？ よろしい。では私が今何を
言ったか、言ってごらんなさい」。冗談でしょう！ あとでダウソンの部下
のリチャード・フルアーに会って、おおいに憤慨したことを言うと、「あ
れがオクスフォードやケンブリッジの連中が話す気取ったアクセントだ。
たぶんわざとやったんだよ」。

　こうした話があって、「アロプ・アソシエイツ」の作品は『a+u』では

「ビルト・イングランド」として紹介された。その後、「ビルト・イングランド」という分類はおかしいのではないかと「アロプ・アンド・パートナーズ」に勤めていた三上祐三さんから指摘された。

《4時、レオン・クリエがやって来た。縁なしの眼鏡をかけた神経質そうな風貌の持ち主だ。背が高く、上から人を見下ろすように見る。フォルクス・ワーゲンで自宅に連れて行かれる。机の上に描きかけのスケッチがある。ものすごく薄い鉛筆でドローイングを描いていた。細君のリタ・ウルフに会う。彼女も画家で、クリエのドローイングにも手をかしているそうだ。ただクリエの描くドローイングはAAの連中とは違う。空想が写実的に描かれている。空想を支える理念が見当たらない。》

《6時、アルヴィンがピーター・クック夫妻、セドリック・プライス、デニス・クロンプトン、トム・ヘネガン、それにノルウェーから来た建築家K・パーも引き連れてインド料理店へ行った。真ん中の席に座らされ、彼らの座談を聞いた。彼らは『a+u』が芸術としての建築ばかりに集中しているのはなぜかと言う。そして突然、「それで、オマエどう思う？」やむなく発した言葉は「anyway」。一同大爆笑。》

＊　　＊　　＊

11月16日、この日は雨。12時、王立美術学校に行ってフランプトンに会った。彼はニューヨークの「インスティテュート（IAUS）」の話を始め、アイゼンマンの方向性を批判した。

すでにこの頃からフランプトンとアイゼンマンの間には対立というか、決裂というか、断絶が進行していたようだ。フランプトンは現実主義者で、そのうえ、フランクフルト学派贔屓だから、アイゼンマンのコンセプチュアルな発想やフランス哲学好みが嫌いなのだ。

その後、一緒にAAスクールに行った。今度はアルヴィンが難しい話をする。英国の現代建築は今や停止状態にあり、残されているのは既存建築

の「リデザイン」だけなのだそうだ。そういうわけで、AAスクールの連中はドローイングを描いていると言うのだ。「アメリカの大学へ行っても、何もないじゃないか。俺はリチャード・マイヤーの作品なんか大嫌いだ。AAの連中は何か事を起こそうとしている。事を引き起こそうとする計画こそが"コンセプチュアル"なのだ」そうな。

＊　　＊　　＊

　11月17日、午後2時、雑誌『アーキテクチュラル・デザイン』の編集者ヘイグ・ベックがやって来た。小柄な人だった。彼はオーストラリアの出身で、AAスクールで学んだ人物だ。この時は、チャールズ・ジェンクスからの伝言と、ジェンクスの論文「合理主義でない合理主義者 (Irrational rationalists)」を持ってきてくれた。ベックはその後、『アーキテクチュラル・デザイン』を辞め、細君のジャキー・クーパーと一緒に、雑誌『インターナショナル・アーキテクチュア』を発刊した。さらにオーストラリアに帰国後、メルボルン大学で教職につき、さらに新雑誌『Ume』を発刊した。

　6時、レム・コールハースがやって来た。大柄で、頬っぺたが妙に赤い。見事なドローイングを一抱え持ってきた。これには参った。コールハースのスケッチを雑誌で取り上げる自信がまったくなかった。「ニューヨークに行くと古い絵葉書なんか安く売ってるのだよ、それを山ほど買ったものだよ」。彼が『錯乱のニューヨーク (Delirious New York)』を出版したのは、それから3年後の1978年である。

　8時、フランプトンが来て、サウス・ケンジントンのイタリアン・レストラン「ポンテ・ヴェッキオ」に行った。彼との話題は食物の話、言葉の話、映画の話、ジョン・ヘイダックと喧嘩した話、つまりヘイダックをア

ングロ・サクソン的思想の範疇に納めたことにヘイダックが腹を立てたという話、アルド・ロッシの話、つまりロッシの作品の影にファシズムを感ずるという話、翻訳の話、つまり翻訳よりも翻案のほうがよいという話などなと、話題は尽きなかった。帰り道、ウエルズ・コーツが設計したアパートメント「パレス 10」に案内してくれた。

＊　＊　＊

　1979 年 6 月 12 日、ジェームズ・スターリングと昼食をとった。巴辰一さんも同席した。

　スターリングとは、1971 年 6 月 12 日に羽田空港で会っているが、そんなことは彼はまったく覚えていなかった。あの時は、スターリングと磯崎さんのスケジュールを巧みに調整して、両者の対談を成功させた。その時たまたま居合わせた、当時、雑誌『Concerned Theatre Japan』の編集者だったデイヴィッド・グッドマンによって、テープからトランスクリプトされ、素晴らしい英文ができあがった。その対談はスターリングの談話集のなかにちゃんと収まっている（『a+u』1971 年 8 月号に掲載）。

　そういう話などとどこ吹く風のスターリングは、いつもの青いシャツを着て、なにやらむしゃむしゃ食べている。「あのう、ロンドンで見るべき建物はどれでしょうか」とおずおずとたずねた。彼の顔にちらっと冷笑とも嘲笑とも言えない影がよぎった。「そりゃオマエ……マークス・アンド・スペンサー★2 よ」。これから先は巴さんから聞いた話である。スターリングは「アイツ、俺の冗談、わかったんだろうな？　真面目な顔して聞いていたが、まさか本当に行ったんじゃねぇだろうな」と言ったとか。

　1982 年、日本オーチス・エレベータ株式会社がスターリングを招待したいと言い出した。果たしてスターリングが来日するかどうかが問題で

あった。スターリングは、一時は来ると言っておいて、後刻、キャンセルしたいと言い出した。そしてキャンセルしておきながら、今度は行くと言い出す騒ぎ。スポンサーをはじめ、われわれ一同はスターリングにすっかり弄ばれた。そういう面倒な交渉はすべて私に任された。「今度は大丈夫ですね？」「うん、オレ、女連れてゆくが、いいか？」「女って、奥さんのこと？」「女房とは限らないさ」。スターリング夫人は、派手な生活で知られるモートン・シャンドの四度目の結婚による娘である。ついでながらシャンドは『アーキテクチュラル・レヴュー』誌の編集者であり、英国皇太子の夫人カミラの祖父である。だが、スターリングが連れてきたのは野暮ったいドイツ人の女流建築家だった。

　「オレ、身体でかいから特別サイズのベッドにしてくれよ」。スターリングは太った身体を青いシャツに包み、パピーシューズを履いて、グリーンのプラスチックの鞄を持ってやって来た。その頃のスターリングの作品は、レスター大学のシャープな感覚はなくなり、太った彼の身体どおりの肉厚の、ごてごてした古典引用の作品だった。そう言えば、スターリングの趣味は18世紀の建築家トーマス・ホープの家具の収集だった。彼の講演はまことに短かった。

《1987年4月28日　日本オーチス・エレベータ主催の旅行団を引率して、3時、スターリングの最近作、テイト美術館クロー・ギャラリーを見て、彼の事務所を訪問した。参加者はビッグ・ジムに怖じ気づいて何も質問しない。誰かが「以前とは随分変わったようですが」とたずねると、「いつまでも同じことやったって面白くねぇだろう？」》

---

*1——GLC＝大ロンドン議会、LCC＝ロンドン州議会を引き継いだ議会で、1965年から1986年まで活動。

*2——英国最大のスーパーマーケット。

---

21 アムステルダムの建築家たち

ロンドンとアムステルダムは指呼の間である。

《1976年11月18日 ロンドンからアムステルダムに飛んだ。1時15分、ニーウェ・ヘーレングラヒト31にある、ヘルマン・ヘルツベルハーの新しい事務所へ直行した。事務所は改装中で、室内は足の踏み場もなかった。住所を間違えたかなと階段から足を引こうとすると、上方から「ヘルツベルハーかい？」と声があって、「一番上の階だよ！」事務所は最上階にあった。黒いコールテンの上下に黒いタートルネックのセーターを着て、もじゃもじゃ頭のヘルツベルハーが現れた。「今、展覧会をやっているんだ。行ってみるかい？」早速、見に行くことにした。歩きながら彼は自作の説明をした。「僕はバロック的軸性の空間が好きじゃない。人間のための空間をつくりたい。空間に場所の感覚を与えたい。支配的なものを排除したい。確かに構成主義からの影響も受けた。モンドリアンの＋－の記号による無軸性空間からも影響を受けた。君、（と改装中の普通の建物を指して）ああいうのがいいかね？」ヘルツベルハーはアムステルダムの雰囲気が好きだと言った。》

その頃、ヘルツベルハーはアムステルダム郊外のアペルドンにセントラ

ル・ビヒーア保険会社を完成させ、さらにユトレヒトにヴレデンブルグ音楽センターを竣工したばかりだった。セントラル・ビヒーアは当時流行のオフィス・ランドスケープの模範などと言われたものだ。ヴレデンブルグ音楽センターはおよそ音楽堂らしくない様相をしている。どちらも低層で、コンクリートの柱の中間にブロックが装填されている。これは米国由来のテイラー主義思想[★1]などではなく、オランダ構造主義[★2]の理念によるものである。そしてオランダ構造主義はチームＸの思想から引き出されたものだ。

　ヘルツベルハーは、1960年に先輩格のアルド・ファン・アイクと雑誌『フォーラム』の編集をきっかけに知り合った。彼らはCIAMの機能主義に対する反発から、構造体による秩序づけとしての「構造主義」が形成されたのだ。しかしファン・アイクとヘルツベルハーとではまったく異なった発想を持っている。ファン・アイクは場所を空間化し、ヘルツベルハーは空間を場所化する。その頃、構造主義はオランダ建築全体にわたって浸透していた。おそらく日本の風土にも合うだろうと『a+u』でもしばしば紹介したが、思うようには部数は伸びなかった。

＊　＊　＊

　1986年6月11日、ピート・ブロムをたずねた。彼もまた構造主義のひとりで、ロッテルダム郊外に、柱も梁もない立方体の堆積を橋梁状に掛け渡した集合住宅を建てていた。こんな奇妙な建物を設計するとはどういう人物か一度会ってみたかった。

　写真家ヤン・デリックの車でアムステルダムの北郊モニッケンダムに向かった。人影ひとつなく、坦々とした平原が続き、空ばかりが大きかった。まるでホッベマの絵の通りだ。スフール街に入ると途端に貧しい家々

が現れた。その時、ひとりの男がよろよろと道端から車の方へよろめいて出てきた。よれよれの麻の上着を着て、薄汚らしい男だ。ふっと、この男がピート・ブロムではあるまいかと思った。果たせるかな、そうだった。彼は人見知りをするらしく、相手の顔をめったに見なかった。

　荒ら屋のような建物（もとは教会だそうだ）に案内された。がらんとして人気がなかった。ブロムは長い顔に、顎髭を伸ばし、ひどく神経質で、はにかみ屋だった。まったくのひとりだった。この男がロッテルダムにあの立方体の集合住宅を設計した建築家だとはとても思えなかった。やむなく水を一杯所望して、おもむろに「特集号」の話をすると、彼は「いやいやそんな気持ちにはなれません。なにしろ妻と子供に逃げられてしまい、そんな気にはなれません」とひどく落ち込んでしまった。やがて彼はじっとこちらの顔をのぞき込んだ。わが身の辛さを分かち合える人を求めているかのようだ。正直で、素直な人柄を感じた。仕方なく「いつまでもあなたからの返事を待っています」と言うと、いきなりごつい手を出して握手をした。もう帰ったほうがよさそうだと立ち上がると、急に抱きしめられた。「新しい恋人の写真をお見せします」と言った。階段の手すりに貼ってある写真は、なんと、新聞から切り取ったデヴィ・スカルノ夫人の写真だった。何度も掌で写真を擦ったらしく、彼女の顔はすり切れていた。「いつもならシューマンやセザール・フランクを弾くんですが、今日は駄目です」と片隅のピアノを指さした。小一時間ほどだったが、建築家ブロムの人となりがよくわかった。通りに出ると、また抱きしめられた。奇妙な出会いだった。肝心の構造主義の話は聞けなかった。その後、ブロムの作品も特集したが、これも不成功であった。

＊　＊　＊

ピート・ブロム作品カタログ表紙
（Seerp Hiddema, *Piet Blom en de kunst van het bouwen*, Academie Minerva Pers, 1984）

　6月12日、9時、アムステルダムからホーヴェラーケンに行き、ヤン・フェルホーフェンの自宅に行った。鬱蒼とした庭に埋め込まれたような家で、その薄暗い部屋のなかで、顎髭を生やした彼から話を聞いた。この人もヘルツベルハーやブロムと同様、アルド・ファン・アイクの生徒で、構造主義者であった。広場を中心にいくつもの低層集合住宅が屋根の棟を重ねながら並んでいる実験住宅で知られている。

　翌日9時、キーゼルス街169番地のアントン・オルベルツの事務所をたずねた。スキポール空港からアムステルダムまでの途中で見た山並みを思わせる建物（NMB銀行）はなんといっても人目を引いた。およそ構造主義とは無関係な発想であり、表現主義、あるいは有機主義的な建物で

ある。

　現れたのは髭を生やした眼鏡の大柄な男、どこか東洋風なところがあった。まず、あの独特の形態を生み出した背景を問いただした。彼は自分の理想は円形の建物だが、とりあえず山脈のような形態にしていると言った。ルドルフ・シュタイナーのアントロポゾフィーに傾倒しているそうだ。NMB 銀行は鉄筋コンクリート造で、内部には曲がりくねった階段があり、小川のように水が流れている。その後、経歴を調べてみると、オルベルツは若い頃、一時、シチュアシオニスト・インターナショナル運動[★3]に加わり、「ニュー・バビロン」[★4]で知られる建築家コンスタント・ニーヴェンホイスにも近づいた。もしそうならばアルド・ファン・アイクとも会っている可能性はある。なお、オルベルツは晩年はボスニア・ヘルツェゴヴィナの平和運動に貢献したという。

　そして 10 時、アルド・ファン・アイクに会った。

　私がアルド・ファン・アイクに初めて会ったのは、1970 年 10 月 6 日のことだった。その日は、アムステルダムにて「子供の家」を見た後、是非、彼に会おうと「Oudezijds Achterburgwal 141 番地」と教えられた彼のオフィスに行った。なんとそれは、いわゆる飾り窓の家の隣にあった。ファン・アイクの顔色は浅黒く、鋭角的な容貌の知的な人であった。初対面だったが、彼は喋りどうしに喋った。すべて英語だった。

　なにしろ彼は、少年期から青年期までをロンドンで暮らしたので、完璧な英語を話す。ハーグの美術学校で学んだあとは、ETHZ で学んだ。スイスではドイツ語、フランス語を話した。こうしたポリグロット（数カ国語を操れる人物）のファン・アイクのような存在が、チーム X の形成には必要だったのではないかと思う。彼を通してフェルディナン・ド・ソシュールの言語学やクロード・レヴィ＝ストロースの構造人類学がチーム X に取り込まれたのではなかろうか。

その後、1975年、チューリッヒのアルフレッド・ロート邸で再び会ったが、その時は、さんざん日本の建築家の悪口を聞かされた。

さて話は戻るが、1986年の三度目の対面は、アムステルダムの郊外「Loenen aan de Vecht」の彼の自宅においてだった。2階の部屋から窓を通して茫々たる草原が広がっていた。彼は、以前に会ったことなど憶えているのか、忘れているのか、おかまいなしに相変わらずの早口で喋りとおしだった。ジェイムズ・ジョイスの小説を引用し、女主人公「アンナ・リヴィア・プルラベル」[★5]を換喩として使う。話の糸口がつかめなかった。

それでもやっとのことで「labyrinthine clarity（迷宮のような透明さ＝矛盾する二つの概念のこと）とはどういうものですか」とお世辞のつもりで聞いてみた。「そりゃ難しい。槇（文彦）にでも聞いてみるんだな」。「それよりポストモダニズムっていうが、ありゃ、Post じゃなくて Pest だぜ。そのうえ、話ときたらみんな Past のことばっかりだ。こういう歌を知ってるかい？ Post Pest Past, Post Pest Past」。彼は立ち上がると、妙な節回しで歌い始めた。さらにグロピウス、丹下、タイガーマン、マイケル・グレイヴスを痛烈に批判した。

*　*　*

昼過ぎ、ファン・アイクと別れ、車でロッテルダムへ向かった。途中、スパンスカーデでピート・ブロムの設計したレストランで昼食を食べた。やっぱり落ち着かない内部空間だった。そしてレム・コールハースの事務所 OMA（Office for Metropolitan Architecture）へ向かった。場所はブーンピエス55番地、古い防波堤の一角で、マース河に面した堤防の上の白い高層ビルだった。

一室に通されて、やがて大柄のレムが現れた。薄い頭髪を撫でつけ、顴

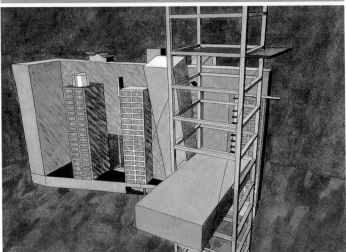

レム・コールハースと夫人マデロン・フリーセンドルプから贈られたスケッチ
上＝レム・コールハース、下＝マデロン・フリーセンドルプ〔筆者蔵〕

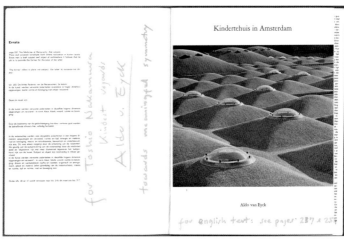

アルド・ファン・アイクからもらった、作品「アムステルダムの子供の家」案内書。雑誌『Forum』の抜き刷り

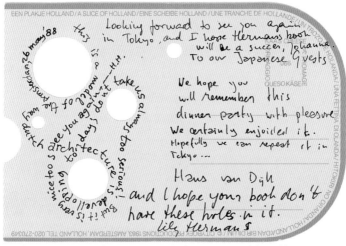

1988年5月28日にアムステルダムのレストランでの夕食の折、ヘルツベルハー夫妻や評論家ハンス・ファン・ダイクが店の葉書に書いた寄書き（チーズの形をしている）

骨の出た顔は、10年前、ロンドンであった時と変わっていなかった。「俺と話す時は進化とか進歩なんて言葉は使わないでくれ。そういうものは信じていないからな。アイゼンマンは俺が空間をまったくわかってないって言うんだ」。あいかわらずの不敵さで、人を食った言い草だ。だが、レムの言うところを聞いてみると、意外に単純な機能主義礼賛で、それを教条的用語ではなく、日常生活的用語で語っているところが奇抜だ。

　所員に持ってこさせたのはCGの図面だった。「どうだ、綺麗だろう」と彼は自慢気に言った。こうしたCGの図面は『a+u』のような商業雑誌には向かない。それにレムはアイゼンマンのように論文を書かない。商業雑誌には実物の建物の写真が入り用なのだ。レムは「来年になったらハーグにダンス・シアターができるよ」と言った。結局、レムの口からはチームXも構造主義もまったく出てこなかった。

　1988年5月23日のこと、ロンドン・ヒースロー空港で出発を待っていると、大男が手を上げながらやって来た。レム・コールハースだ。彼はロンドンに住んで毎週ロッテルダムへ通っているそうだ。瞬く間に着いたロッテルダム空港には（OMAの所員の）ドナルド・ダンジックが待っていた。三人で歩いてOMAの事務所へ行った。

　翌日、レムとダンジックと三人でアムステルダムに行った。ここでイル・プレインの集合住宅を見た。それはアムステルダム中央駅と運河を隔てた位置にあった。コルゲート・プレート、シート・ロック、PCプレートなどすべて軽量の資材で、近代においてもオランダ建築の伝統的な材料であった煉瓦などは使用されていない。こうした条件や資材でもレムは冷静かつ沈着に取り組むところが余人とは違うところだ。

　それからザ・ハーグに向かった。国立ダンス・シアターを見た。ホテル、ホール、ダンス・シアターの3つの建物からなるがひとつに纏まっていた。建物の側面に大きな壁画がある。これはレムの妻マデロン・フ

リーセンドルプの制作だ。彼女はレムの著書『錯乱のニューヨーク』のイラストを描いている。ホールとシアターの狭間にシャンペン・バーが浮いている。レムはステージの黒と闇と光がモチーフだと言った。「どうだ伊東豊雄に似ているか」と聞いた。似ているわけはないのである。前衛と保守を交互に入れ替えているところがレムの手法なのである。

*1——テイラー主義思想……20世紀初頭においてF・W・テイラーによって提唱された思想。科学的管理法とも呼ばれる。労働者の管理において客観的基準をつくることで生産性の増強や労働者の賃金の上昇をはかることを主要目的とした。

*2——オランダ構造主義……1950年代末期にアムステルダムにおいて結成された建築家グループ。代表的なメンバーとしては、アルド・ファン・アイクやヘルマン・ベルツハルハーがいる。このグループにおいては「in between（中間領域）」が主要概念とされ、彼らの編集する建築雑誌『Forum』を通じて自身の建築思想を紹介した。

*3——シチュアシオニスト・インターナショナル運動……1957年から1972年にかけてフランスをはじめヨーロッパにおいて政治、文化、芸術領域の対抗的な批判を試みた前衛集団。1952年に発足したアンテルナシオナル・レトリストを前身とする。状況主義を掲げるギー・ドゥボール（Guy Debord, 1931-1994）を中心に芸術・文化・社会・政治・日常生活の統一的な批判・実践を試み、五月革命に大きな影響を与えた。

*4——ニュー・バビロン……シチュエーショナリスト・インターナショナル運動のメンバーであったコンスタント・ニーヴェンホイスにより計画された都市プロジェクトのこと。ノマディズム、遊戯的生活、迷宮の創出という3つの原理に基づき、1956年から1972年において行われた。なお、コンスタントに建築関係者との交流の機会を与えたのは、アルド・ファン・アイクである。

*5——アンナ・リヴィア・プルラベル……ジェイムズ・ジョイス『フィネガンズ・ウェイク（Finnegans Wake）』(1939) の登場人物。

22　ドイツ日記 1——マンフレッド・シュパイデルのこと

　私のドイツでの案内役を務めてくれたのが、マンフレッド・シュパイデルであった。1938 年生まれで、早稲田大学の吉阪隆正研究室に在籍、75年からアーヘン工科大学で教鞭をふるっていた。

《1976 年 12 月 2 日　ケルンは雨。9 時半、マンフレッド・シュパイデルがやって来た。彼とは日本語で話す。今日はわざわざアーヘンから来てくれたのである。在日時代の髭はまだ蓄えていた。》

　彼とタクシーでマリエンブルグのゴットフリート・ベームの事務所へ行った。白いコンクリート造の箱型の住宅だった。あとで聞くと、この建物は 1920 年代、ゴットフリートの父ドミニカス・ベームが建てた彼自身の自宅だった。

《薄暗い部屋でベームと会った。長身、鋭い目つきのいかにもドイツ人らしい風貌であった。黒いセーターを着ていた。彼は英語を喋らなかった。いやドイツ語だって喋らなかった。ふと、シュパイデルに向かい「オヤ、君はドイツ語を話すのだね」。シュパイデルが耳元に日本語で囁く。「同じ大学で教えているのにねぇ」。特集号の

Böhm: Väter und Söhne

Kunsthalle Bielefeld

Böhm: Väter und Söhne, Kunsthalle Bielefeld, 1994
ベーム親子三代の建築家一家の作品を取りあげている。同年、『a+u』は同様の趣旨の特集号を出版した。
なお、このアイディアは筆者のもの。

話になって、所員二人を相手に話したが、資料整理はまったく駄目。》

　そうこうしている間に昼になって、ベームは自分で車を運転してわれわれを自宅へ案内した。それはライン河に面した煉瓦造りの平屋の家だった。床のあちこちががたがたしていた。建築家のエリザベート夫人と友人の老教師クリスティーネ嬢が加わって円卓の周りに座った。ミネラル・ウォーターにミートパイがついている。やがて巨大なアップルパイが食卓の真ん中に置かれた。エリザベート夫人がさかんにパイを勧めた。「パイ

だけではあるまい。きっと別なものが出てくるだろう」と期待して、勧められても「いえっ」とか言っていた。だがとうとう最後まで何も出なかった。後でシュパイデルに話すと大笑いされた。

「でも、パイが昼飯になることはよくありますよ」。

《食後、ベームの作品について、彼自身と話した。「あなたの初期作品、たとえばネヴィゲスの巡礼教会とかベンスベルク市庁舎とかイゲレシア青年会館を見ると表現主義的だが、最近は必ずしもそうではないようですが」と言うと、「自分としては作品が表現主義と呼ばれるよりもロマンティシュと呼ばれたいね」と答えた。「私は要するに居心地がよい（ゲミュートリッヒ）なものをつくりたいのだ」。「それは雰囲気みたいなものですね？」「いや、そうじゃない。丁度、動物が自分の身体に合わせてねぐらをつくるような、あれだな」。》

なるほど、この家には居心地のよさがあった。「わが家でインターナショナル、いやモダン・スタイルのものと言えば、あれだけさ」と言って彼は庭先に息子たちがつくった掘っ立て小屋を指差した。

なにしろ祖父の代から建築家の系譜を保ち、さらに四人の息子のうちシュテファン、ペーター、パウルの三人までが建築家といういわば建築家の一大名家である。おそらくこれに匹敵できるのは例のアルベルト・シュペーア一家だけであろう。ゴットフリート・ベームは建築を学ぶと同時に彫刻も習得した。このことが父親ドミニカスのような重厚な作風を形成したのではあるまいか。

この時取材した資料は、1978年の『a+u』3月号に特集号として掲載された。それからしばらくすると、ニューヨークの近代美術館の建築・デザイン部長アーサー・ドレクスラーから連絡が入り、特集号を送った。ドレクスラーは当時プリッカー建築賞の幹事をしていた。ゴットフリート・ベームがプリッカー建築賞を受賞したのは1986年である。今もドイツ出身の建築家で受賞したのはベームだけである。その時の審査員のひとりケ

ヴィン・ローチは芸術品とは物の生命を聞き取ることだと言っていた。

＊　＊　＊

《ベームとの話が進み、いつの間にか4時になっていた。慌ててオスワルド・マティアス・ウンガースへ電話を掛ける。タクシーでベルヴェデーレ通りのウンガース邸に行った。会うやいなや、開口一番、「おそいじゃないか」。この人、なんだかピーター・アイゼンマンに似ている。彼と同様、よく喋る。シュパイデルが小声で、「ドイツ人はアメリカにゆくとみんなああいう風になるんですよ。ギュンター・ニチケもその部類ですけれど」と囁いた。》

遅れついでにと少々向きになって、「ところであなたの作品はレイナー・バンハムが著書『ニュー・ブルータリズム』のなかで取り上げるように『ブルータリスト』と見なされてきましたが、しかし1973年のアルド・ロッシがミラノ・トリエンナーレ展で企画した『合理主義建築』では"ラショナリスト"になってしまったのはどうしてですか？」そうたずねると、待っていましたとばかりウンガースが咆え始めた。

《「俺は1960年以降、まったく作品をつくってなんかいない。オマエ、"ラショナリズム"をスタイルかなんかと思っているようだが、そうじゃない。"ラショナリズム"とは歴史のなかに埋もれてしまった建築的思想を見つけることだぞ」と立て続けに喋った。次から次へと計画案のドローイングを見せた。どれもこれも立方体を重ね合わせたものばかりだった。「別に俺はクライアントを見つけようとは思っちゃいないぜ」と言う。シュパイデルはウンガースがクライアントもいないのに生活できるのはリゼロッタ夫人が注文制の古本屋を営んでいるからだ、と教えてくれた。タクシーで町に帰った。ケルンは一日中雨で暮れた。》

実はこの前月、1976年11月9日にニューヨーク・クーパー・ヒューイット美術館で開催されていた展覧会「MAN transFORMS（人間は形を変

える）」を見ていた。その展示のなかに、オスワルド・マティアス・ウンガースの一画があって、「都市の変貌」と題して概念と実体と都市の三段階にわたる都市の変貌が写真や図表や概念によって対比されていた。それによれば都市は統計的データを単純に適用するよりも更に複雑なものになり、機能的考察を超えて、単なる物質的表現からさらに想像的で空想的概念への過程となるであろうというのである。しかしウンガースの作品を見ると実際にはこの過程を逆方向に進めているように見えた。

そのおよそ10年後の1986年7月21日、12時、ウンガースのカンプヘンヴェークに建った新しい自宅に行った。この住宅は「特性のない家」と呼ばれていた。どこもかしこもすべて正方形であった。われわれが会ったのは明るい書斎で、周囲には大きな書棚が並び、蔵書が整然と並んでいる。しばらくぶりの面会だった。

人当たりは以前より大分柔らかくなった。ウンガースは大変な蔵書家で、蔵書数ではスイスの建築史家ウェルナー・エクスリンと甲乙つけがたい。エクスリンはアインジーデルンの山小屋の至るところに蔵書を積み上げていた。ウンガースは図書館に行くのが嫌いでコレクションを始めたというだけあって、蔵書は分類毎に分けられ、収蔵されている。「オマエもこの蔵書を利用していいよ」と吹聴された。

《リゼロッタ夫人も交えてドム・ホテルへ昼食に行った。ウンガースは、「自分はラディカルでありたい。純粋で、抽象的なもののなかに日常生活のあらゆるものを凝縮したい」と言った。「そういうのって、思い上がりじゃないの？」と意地悪を言うと、彼は一寸、気色ばんで、「いや違う。自分はもっと永遠なものを求めているのだ」と言った。やっぱりピーター・アイゼンマンに似ている。》

＊　＊　＊

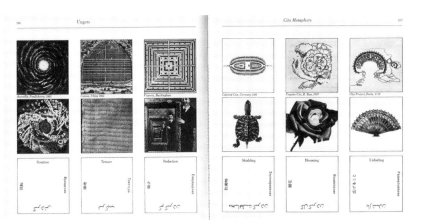

オスワルド・マティアス・ウンガースの説く「City Metaphors」。1976年ニューヨークのクーパー・ヒューイット
美術館にて、ハンス・ホラインの構想で開催された展覧会「MAN transFORMS」カタログ（pp.160-107）より

《1986年7月22日　シュパイデルに誘われて建築家ハインツ・ビーネフェルト
の自宅をたずねた。シュパイデルは「ドイツには日本では紹介されない建築家が大
勢いる。ビーネフェルトがそうであり、カールヨーゼフ・シャットナーがそうであ
り、エミール・シュテファンがそうであり、ルドルフ・シュワルツがそうである。
彼らは定住地を持って、その地方の様式や詳細部や素材に拘泥して、生涯をその地
方に殉じた建築家である」。今日行ったビーネフェルトの自宅は農家を改造したもの
だ。がらんとした広間の壁は大理石の粉を混ぜて塗り込んだもので、光が差し込む
と独特な反射面をもっていた。ビーネフェルトは最初、ドミニカス・ベームに就い
ていたが、彼の死後、エミール・シュテファンの下に行った。》

　ビーネフェルト自身はほとんど喋らず、もっぱらシュパイデルが説明役
に回った。所員全員で中庭でブランチ。そのあと近所にあるビーネフェル
トの設計した住宅を見学した。ケルンへ戻る途中で1977年に前川國男さ
んが設計した東南アジア美術館を見た。夕刻、レストラン「ボスポラス」
へ行った。シュパイデルはピアノやチェンバロを弾いた。

22 ドイツ日記1──マンフレッド・シュパイデルのこと

《1986年12月3日　9時42分発のオステンド行の列車に乗り、10時39分アーヘンに着いた。シュパイデルが迎えに来てくれた。タクシーでアーヘン工科大学に行った。柴田起公子さんや三輪雅久さんに紹介された。柴田さんはブルーノ・タウトについて論文を書いているとのこと、三輪さんは旅行中とのことだった。シュパイデルがアーヘンの街を案内してくれた。中世の街らしく、街路の構成は複雑だった。市庁舎と教会を見学。この街のどこにミースを偲ばせるものがあるのだろうか？午後、ワルシャワ行の列車でケルンに戻った。丁度、大聖堂の鐘が鳴り出した。》

　12世紀以降、この鐘は鳴り続けてきた。戦火のなかでも鳴り続けたに違いない。高度工業化社会になった今も鳴り続けている。鐘は心に響くように高らかに鳴っている。この鐘の音こそまさにヨーロッパそのものだ、と思った。シュパイデルの人生にもその音は深く響いていたに違いなかった。

23　ドイツ日記 2 ——「近代建築」をたずねて

　ドイツでは、近代建築の台頭を別の側面から物語る出来事や人物や著作に出会った。それらについて記しておきたい。

　まず、1985 年 11 月 15 日、ヴェネチアからミラノ経由の列車でチューリッヒへ。ベルク通りにあるアルフレッド・ロートの自宅に行った。作品集『アルフレッド・ロート　継続の建築家（Alfred Roth: Architekt der Kontinuität）』（スタニスラウス・フォン・ムース編）を贈呈された。同書には「アルフレッド・ロートとの邂逅（Begegnung mit Alfred Roth）」と題して、ブルーノ・ゼヴィ、マックス・ビル、クロード・シュナイト、ロルフ・グットマン、T・ワグナー博士、それに筆者らによるロートとの交遊録が掲載されている。私は「アルフレッド・ロートはわが導きの星（Alfred Roth ist mein Leitstern）」と題した一文を寄せた。チューリッヒを訪問するたびにロートから聞かされた「正統的近代建築」論への「賛歌」のつもりであった。

　《この日、アルフレッドからこんな話を聞かされた——「CIAM（国際建築家会

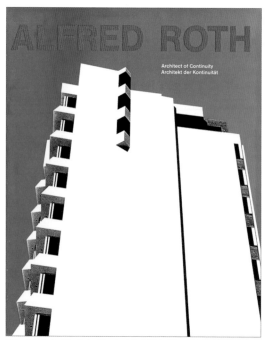

Alfred Roth: Architekt der Kontinuität, Zürich, Waser Verlag, 1985

議）」というアイディアは、雑誌『ダス・ヴェルク（Das Werk）』（1914 年創刊）の
セクレタリー、フリートリッヒが考えたもので、彼はそのアイディアをシュトゥッ
トガルトのヴァイゼンホーフ住宅展（1927 年）の折、エレーヌ・ド・マンドロ夫人
に話した。それがきっかけとなって「CIAM」（1928 年）が結成されたのだと言う。
ロートは第二次世界大戦中、マンドロ夫人のために山荘を設計しているから、もし
かしたらマンドロ夫人からこの話を聞いたのかもしれない。真偽のほどは不明だが、
CIAM に関する多くの著書はこのことに関しては触れていない。》

　CIAM の草創期には今なお不明瞭なことが数多くある。1928 年の初会
合に集まったメンバーは、次第に会議から姿を消してゆく。よく知られる

ラ・サラ城での写真のなかに収まっていたマルト・スタムもフーゴー・ヘーリングもエルンスト・マイも、その後 CIAM から去った。タウトやミースやメンデルゾーンは最初から CIAM に入っていない。国際建築会議と謳いながら、メンバーにはかなりの偏向がみられる。一体、こうした不均衡が、近代建築から現代建築にどのような差異を生み出したのか。あるいはどんな事実が隠されていたのか？ それが知りたかった。

＊　＊　＊

《1986 年 6 月 25 日　ケルンからハンブルクへ飛んだ。マインハルト・フォン・ゲルカンが空港に出迎えてくれた。空港から市内までの街路には見事な並木が続いた。小説家ハンス・エーリヒ・ノサックが短編『死神とのインタヴュー』に描いた、第二次世界大戦中にハンブルクが連合軍から受けた空襲の跡など、どこにも見あたらなかった。マインハルトの自宅は、エルベ河畔の高級住宅地の中にあり、鬱蒼とした木立に囲まれた、南斜面に建っていた。周りの煉瓦造、赤瓦葺きの家々のなかで、この木造、シングル葺き住宅は異彩を放っており、「カリフォルニアのヴィラ」と呼ばれているとか。テラスに立つとエルベ河が見えた。

夜 8 時、マインハルトが上機嫌で帰宅、（日本に留学していた）ゲルハルト・フェルトマイヤーも来た。ワインを飲み、ドイツ対フランスのサッカーのテレビ放送を深夜まで見入った。マインハルトはバルチック地方出身の貴族で、第二次世界大戦下で孤児となった。このあたりは『シンケルのベルリン（Schinkel's Berlin: A Study in Environmental Planning）』の著者ヘルマン・プンツによく似ている。》

以前に東京工業大学で講演した後のこと、プンツは私を相手にドイツの少年が戦時下でどのように苦労したかを語ってくれた。戦火のベルリンを脱出し、貨物船に乗り込んで、なんとかアメリカに辿り着いたのだと事細かに話してくれた。それと同様の経験をマインハルトもしたのだ。

《6月26日　この日はテラスで日記を書いた。肌寒かった。9時、マインハルトとカール・シュナイダー設計の住宅を見に行った。林の中にひっそりと建つこの住宅は、ヘンリー・ラッセル・ヒッチコックとフィリップ・ジョンソンの目にとまり、彼らの著書『インターナショナル・スタイル』にも掲載された。シュナイダーはハンブルク生まれ、後年シカゴに渡り、シアーズ・ローバック社を建てた。

エルベ河の河岸を駆け抜け、フリッツ・シューマッハー設計のハンブルグ歴史博物館を見に行った。シューマッハーはブレーメン生まれだがハンブルクの公共建築や都市計画に重要な貢献をなした。組積構造の重厚なディテールは吉田鉄郎に影響を与えたという。現在ではこうしたディテールを仕上げる職人はいないとのこと。》

シューマッハー設計のホテル・ラマンダでこの地方独特の鰊料理の昼食をとって、今度はフリッツ・ヘーガーのヒーレハウスやシュプリンケンホーフを見に行った。青い煉瓦が使われていた。冷房はなかった。これらの建物は、シューマッハーが1920年に刊行した著書『新時代の煉瓦造建築の手法 (Das Wesen des neuzeitlichen Backsteinbaues)』に則っていた。さらに、S・E・ラスムッセンが1940年に出版した著書『北欧の建築 (Nordische Baukunst)』のなかで解説した「ノルッディッヒ（北方性）」の特徴、すなわちロマンティシズム、クラシシズム、そして量塊性がドイツにおいても維持されていることを示していた。さらに言えば、これらの建築家たちは、当時発足していた CIAM や「インターナショナル・スタイル」は言うまでもなく、ドイツ表現主義の幕を開けた「ノーヴェンバー・グルッペ（11月グループ）[*1]」ともまったく無関係であった。

6月27日、ブレーメン経由で19世紀末に芸術家のコロニーができあがったヴォルプスヴェーデ (Worpswede) 村に行った。

まず、近所の駅からアルトナを経由してブレーメンへ着いた。小さな街であった。駅を出てしばらく歩くと、市庁舎とザンクト・マルチン教会があり、その横の通路の向こうに金色の壁が見えた。それが名高いベト

ヒャーシュトラッセ（Böttcherstrasse）だった。この街の話は、藤島亥治郎氏の著書か何かで知った。そこに掲載された街の鳥瞰図から漂う見えない魔力に捕らえられて、とうとうブレーメンまでやってきたのだった。そこは謎めいたひんやりとした細い小路だった。コーヒー商人ルートヴィッヒ・レゼリウスの後援によって、ベトヒャーシュトラッセは一挙に芸術家の街と知られるようになり、たちまち観光客が引きもきらずにやってくるようになった。通りには、彫刻家ベルンハルト・ヘートガーの設計した、女流画家パウラ・モーダーゾーン＝ベッカーのアトリエがあった。内部は薄暗く、淡い光が天井から落ちていた。

　《ブレーメン駅からヴォルプスヴェーデに向かった。田舎の小さな駅レステルホルツ・シュランムベックで下車した。そこから目指すヴォルプスヴェーデまでは 12 キロもあった。村のタクシーはたった一台。そこに 19 世紀末、芸術家たちが生活したコロニーがあった。このコロニーの存在を知ったのは、R・M・リルケが 1903 年に書いた『風景画論』からである。同書の原題が "Worpswede" だった。

　そこは人影ひとつ見えず、荒涼とした風景だった。ここに住んだ五人の画家、フリッツ・マッケンゼン、オットー・モーダーゾーン、フリッツ・オーヴァベック、ハンス・アム・エンデ、ハインリッヒ・フォーゲラー[*2] は、樺の木の葉擦れの音を聞きながら、暗雲垂れ込める荒れ果てた景色を描いたのだろうか？　それがリルケの言う「風景画」の始まりだったのだろうか？

　数奇な人生を送った画家にして建築家のハインリッヒ・フォーゲラーの自作のアトリエを見た。煉瓦造モルタル塗り。画家ベルンハルト・ヘートガーが設計した煉瓦造の喫茶店があった。リルケは五人の画家たちとどのような共同生活の夢を見ていたのだろうか？　美術史からも建築史からも無視された彼らの夢の跡はあまりに悲しい。》

　6 月 29 日、ゲルハルトとトルコ人女性ジャスミンと三人でハンブルクから東ドイツを通って西ベルリンへ向かった。東ドイツはほとんど無人地

Walter Muller-Wulkow, *Das Paula Becker-Modersohn in Bremen*,
Angelsachsen-Verlag/Bremen, 1930
表紙はブレーメンのベトヒャーシュトラッセ入口

　帯だった。西ベルリンはさんさんと陽光が降りそそぎ、緑の並木も美し
かった。繁華街キュルフュルステンダム（最近はクーダムと呼ばれる）で二人
と別れ、ホテル・ケンピンスキーに投宿した。翌年にベルリンで行われる
国際建築展（IBA）の『a+u』特集号のために、主催者側のひとり、建築家
ヨーゼフ・パウル・クライフュズが予約してくれた高級ホテルだった。

　6月30日、シュリック通り4番地のヨーゼフの自宅に行った。1930年
代に建てられた鉄筋コンクリート造の住宅だった。途中、ブルーノ・タウ

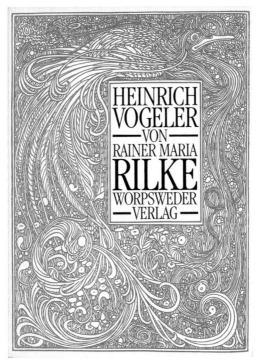

Rainer Maria Rilke, *Heinrich Vogeler*, Worpsweder Verlag, 1986

トの「オンケル・トム・ヒュッテ」団地を見た。原色の色は塗りかえられていた。

　ヨーゼフの家で哲学者クラウス・バルデュスに会った。二人とベルリン国際建築展の特集号について相談した。この展覧会は、1957年に行われた「インターバウ」の跡を継いで、ヨーゼフが裁量する「ノイバウ（新作）」とハルト＝ウォルター・ハマーが監督する「アルトバウ（旧作）」に二分された。

前者は「批評としての建設」という主題のもとに、世界中の前衛的建築家34名がベルリン市内に集合住宅を設計するものであった。アイゼンマン、ボッタ、ザハ・ハディド、ホライン、磯崎、ヘイダック、ロッシ、シザ、スターン、スターリング、コールハース、ウンガース、タイガーマンらが招かれた。後者は「介護としての都市再生」という主題を掲げ、ティアーガルテン、クロイツベルク、そのほか12の地区での既存の建物の保全と改修と改築を行うものであった。「特集号」ではヨーゼフの指揮する「ノイバウ」を中心に編集することになった。

　《ゲアハルトに頼んで、ベルリン市中の現場を見て歩いた。「ノイバウ」のために建設された集合住宅は、奇を衒って聊か滑稽であった。一方、「アルテバウ」のほうは、煉瓦造の建物を巧みに分解したり、融合したり、切り離したりして苦心のほどが偲ばれる。一体、どちらがベルリンの市民に馴染んでいるのだろうか？

　1920年代から1930年代にかけて建設された「近代建築」も見て歩いた。依然として廃墟が残る市中に、屹立するように見える「近代建築」は、妙に尊い姿に見えた。メンデルゾーンの「金属労働者会館」、ベーレンスの「AEG工場」、ファーレンカンプの「シェルハウス」、そしてグロピウスの「ジーメンスシュタット」等々、いずれもミューラー＝ヴルコフやアドルフ・プラッツの著書で紹介されているものだ。そしてミースの国立美術館とハンス・シャローンのベルリン・フィルハーモニーがある。ミースもグロピウスも亡命し、戦後ベルリンに戻って設計したものだが、シャローンもヘーリングも戦時中、最後までドイツに留まっていた。ミースもシャローンも戦中から戦後にかけてその作風は変わっていない。彼らの空間の質の高い建物に比べると、「ノイバウ」として建設された建物がひどく貧弱に見えた。》

　夜8時、歴史家ヴィットリオ・マニャーゴ・ランプニャーニがやって来た。小柄だが大変な才人。彼は、「高等学術研究所」に滞在しているとのことだった。そこはベルリン市とベンツ社が出資した研究機関で、毎年世界中から歴史家たちを招聘している。その年は、彼のほかにスイスから

スタニスラウス・フォン・ムースとアメリカからケネス・フランプトンが招待されているらしかった。

《7月1日、ヨーゼフと行きつけのレストラン「パリス・バー」へ行った。そのあと建築図書で有名なビュヒャーボーゲン書店に行き、店主のシュパンゲンベルク夫人と会った。アドルフ・ベーネの古書を買えと迫られた。夕刻、ケネスがホテルに現れた。ケネスが言うには「ビュヒャーボーゲンに行った？ ほら、丸顔のオヒサマ見たいな女主人に会った？ あの人、ファンタスティックだねぇ」。ケネスは大の女好き。》

1987年4月30日、再びベルリンへ。『a+u』の「IBA特集号」が出たあとだった。随分丁寧に編集したつもりだが評判はよくなかった。実現された集合住宅も、日本の建築家にはまったく注目されなかった。

午後6時、ヨーゼフがホテルに現れ、これからベルリン・フィルハーモニーに行こうと言う。「今晩の指揮はカラヤンだよ」。ル・コルビュジエのフィリップス館とほぼ同時期に完成したシャローンのベルリン・フィルハーモニー・ホールには、まだ入ったことがなかったので直ちに賛成。クライフェズ夫妻と出かけた。さすがにホールは着飾った人々であふれていた。やはりベルリン・フィルは、彼らドイツ人の誇りなのだ。それと、この特異な劇場も彼らの得意とするところなのだ。

《座席は最上階だがオーケストラがよく見えた。劇場の飛翔するような空間の内部構成がよくわかる。白髪のカラヤンが足をひきずりながら現れた。楽団員も観客も全員が緊張した。しわぶきひとつしなかった。カラヤンが壇上に立った。指揮棒一閃、モーツァルトの「ディヴェルテメント」。われ知らず立ち上がってカラヤンの指揮に見入った。音楽と建築が一体化する一瞬だ。ヤニス・クセナキスが言う、映像と電子音を収納する「容量的建築」とは違った、ひとりの指揮者が演出する音の造形である。》

　1988 年 6 月 24 日、チューリッヒは快晴。3 時、歴史家のウェルナー・エクスリンが、ホテル・フロールホーフにやって来た。小柄で、色が黒く、額が秀でて、眼鏡をかけている。チューリッヒ大学で数学を学び、そのあと建築史を学んだ。GTA の教授。彼の車でアインジーデルンの彼の自宅に行った。人口 8,000 の小村のはずれにあるスイス風山小屋だった。玄関からの廊下の両側には書籍が積み上がっていた。50,000 冊という蔵書を見せてもらった（現在は財団法人「ウェルナー・エクスリン図書館」となり、図書館の設計はマリオ・ボッタだという）。旧版、新版はおろか、著者の手書きの原稿まで収集していた。庭のベンチに座りながら話をした。早速、彼の「近代建築」関係の蔵書を年代順に配列し、その写真を並列して、「近代建築史」を書いたらどうだろうかと提案した。彼の細君アニアも交えてエツルのレストラン「サント・メイナルト」で夕食をとった。見渡せば、遥か向こうにアルプスが望め、ゴッタルド峠も見えた。松や杉の木立の間からチューリッヒ湖が見えた。夕食後、車でエグという村を通った時、ウェルナーは、昔ここにはナチスの建築家アレクザンダー・フォン・ゼンガーが住んでいたのだと言った。彼の作品も残っているとのこと。深夜、チューリッヒに帰った。

　6 月 25 日、ホテルの近くの古本屋で、悲惨な最期を遂げたナチスの建築理論家、パウル・シュルツ・ナウムブルクが 1900 年代初期に書いた著書『文化事業 (Kulturarbeiten)』全 9 巻を購入した。この著書はナチスの「文化事業」と受け取られているが、そこには「文化としての造形」といった意図が隠されているように思う。住宅から始まって、庭園、村落、都市、城館、景観、資源の利用、産業、といった問題が、写真を交えて解説されている。この叢書には「近代建築」が切って捨てた誤解、誤謬しか

ないのだろうか？ ほぼ同じ時期に書かれたジュリアン・ガデの『建築の要素と理論（Éléments et Théorie de L'Architecture, 1901）』全4巻のなかにも地方様式に対する数章が挿入されている。ガデの弟子のグスタフ・ウンデンシュトックの『建築講義（Cours d'Architecture Ecole Polytechnique, 1930）』全2巻でも同様である。「近代建築」によって何を失ったかを確認しておく必要があると、いまさらながら思う。

*1──ノーヴェンバー・グルッペ（11月グループ）……ドイツ表現主義の芸術家、建築家の集団。ドイツ革命の起きた11月にちなみ命名された。画家のマックス・ペヒシュタイン（Max Pechstein, 1881-1955）とセザール・クライン（César Klein, 1876-1954）が1918年に結成。社会主義思想色の濃い芸術運動を行った。

*2──ドイツ印象派の画家の集団。風景画を主に描いた。1889年よりドイツの村のヴォルプスヴェーデにおいて活動した。1898年にこの村に移住したライナー・マリア・リルケ（Rainer Maria Rilke, 1875-1926）が1903年に風景画論「ヴォルプスヴェーデ」を発表したことで彼らは一躍脚光を浴びるようになった。

24　プリッカー建築賞の人々

　1989 年 7 月 6 日、大阪の安藤忠雄さんから電話が入った。「トム・プリ
ッカーが、中村さんはプリッカー賞の審査員を引き受けるやろかとゆうて
ますが」。

　トム・プリッカーは、プリッカー建築賞の創設者ジェイ・プリッカーの
長男、弁護士である。その電話からしばらくして、ジェイ・プリッカーの
創設したハイアット財団から手紙が届いた。「プリッカー建築賞の審査員
を依頼したい。来年、ニューヨーク経由でヴェネチアに来てほしい」。

　そして翌年、1990 年 6 月 10 日、ニューヨークのホテルからタクシー
でラガーディア空港マリン・ターミナルに向かった。

　そこで、エイダ・ルイズ・ハクスタブルに会った。彼女は当時『ニュー
ヨーク・タイムズ』紙の建築批評家で、小柄な老美女だった。彼女とは以
前、フランク・ステラや磯崎新さん、宮脇愛子さんたちと一緒に、リ
チャード・マイヤーの自宅で会食をしたことがあった。

　次に、ビル・レイシーが現れた。彼は、クーパー・ユニオンの学長をし

ていたが、この時はニューヨーク州立大学の学長で、プリツカー建築賞の
いわば秘書役といったところだった。それからメキシコの代表的建築家リ
カルド・レゴレッタが現れた。背が高く、話す時に首を傾げる。そして、
こわい顔をしたシンディー・プリツカー夫人。最初から、「トシオは仏さ
んに似ているわね」と憎まれ口をたたいた。

　プリツカー家の自家用機は、10人乗りの双発ジェット機だった。税関
もパスポート検査もなし。機内では、彼らはよく喋り、よく飲み、よく食
べた。話題は私の知らぬことばかりだった。約8時間後の午後10時、ロ
ンドン、スタンステッド空港に到着した。ホテル・ハイアット・カールト
ンタワーに投宿。やれやれ。

　6月11日9時、ジェームズ・スターリング設計の、テイト・ギャラリー
付属のクロー・ギャラリーに行った。そこでたまたまスターリングとマイ
ケル・ウィルフォードに会った。写真家につき添って、あちこちと小うる
さく指示を出して撮影している。プリツカー建築賞の審査員のうしろに随(したが)
いている私を見たジムは、吃驚して「オヤ、オマエも？」。

　次は、ロバート・ヴェンチューリの新作「ナショナル・ギャラリー南
館」に行った。ナショナル・ギャラリーの評議員の一員で、プリツカー建
築賞の審査員であるジェイコブ・ロスチャイルド卿が案内してくれた。
ヴェンチューリの作品とは思えないような古めかしい雰囲気。大階段はい
いが、ギャラリーが安っぽかった。やはりナショナル・ギャラリーの伝統
に遠慮したのだろうか？

　その後、ロスチャイルドの手配で、一同、ダイアナ妃の生家であるスペ
ンサー・ハウスに行った。その豪華さ、繊細さに圧倒された。そこでサー
モン・ステーキを御馳走になった。「スペンサー・ハウスで昼食を食べる
のは日本人では僕が最初だろうな」と言うと、「多分、そうでしょうな」
とヤコブ。それからリチャード・ロジャース設計の「ロイズ・オヴ・ロン

ドン」へ乗り込んだ。一同は、執務室へ招かれた。

　ここで、ジェイ・カーター・ブラウンが颯爽と登場した。たちまち一座が明るくなった。彼はブラウン大学の創設者の直系で美術史家だった。当時は、ワシントン・ナショナル・ギャラリーの館長を務めており、プリツカー建築賞の審査委員長であった。聡明で、陽気な人柄。他人に気を遣い、周囲の人々を明るくした。赤い顔を一層赤くし、よく透る声で、よく喋り、よく笑う。そしてよく冗談を言った。私を呼ぶ時は、「ハイ、トシ！」。いつも素敵なスーツを着て、素敵な靴を履いていた。典型的なブルジョワ・アメリカ人だった。彼の顔の広さでロイズ家のコレクションを特別に見せてもらった。

　その後、一同、スタンステッド空港に行った。フォスターの設計だが、開港は翌年からだった。小型ジェット機でパリに向かった。投宿先は「プラザ・ダテネ」。絢爛たる豪華さにとぎまぎした。

　6月12日、リカルドと一緒にラ・デファンスを見学に行った。ほかの連中とははぐれた。なかなか連中とはそりが合わなかった。彼らはアメリカ人なのだ。

　リカルドには迷惑だったのではないかと気を回していると、カーターが現れた。三人でI・M・ペイの設計による新ルーヴル美術館を見に行くことにした。その日は休館日だったが、カーターのつてで「ピラミッド」を内部から観察し、ピーター・ライスの天才的技巧を堪能することができた。それからバスティーユ広場に行き、レストラン「ボフィンガー」で昼食をとった。そして、バーナード・チュミのラ・ヴィレット公園、クリスチャン・ド・ポルツァンパルクの音楽センター、アドリアン・フェンシルベールとピーター・ライスの科学博物館を見て、すぐさまル・ブールジュ空港からフランクフルトへ飛んだ。

　機上の全員は見学にいささか疲労していて、互いに話し合う気分にはな

れなかった。投宿先は「フランクフルター・ホフ・ホテル」。夕食には、ヴィットリオ・マニャーゴ・ランプニャーニも同伴した。食後、二人で密談。

　6月13日、フランクフルトは雨だった。弁護士ヴォルガング・ヴォルクと二人で、ハンス・ホラインの現代美術館へ行った。ホテルに戻ると、当のハンス・ホラインが現れた。これからシカゴに行くと言う。

　プリッカーの審査員は、まずオスワルド・マティアス・ウンガースの建築博物館を見学。館長ヴィトリオの案内で館内を眺めた。直交格子に白い立方体の遊具。それから、隣接するリチャード・マイヤーの装飾芸術博物館を見た。真っ白な壁の続く室内を眺めながら、エイダ・ルイズが呟いた。「リチャードはモダニストではなくて耽美主義者ね」。同感。ギュンター・ベーニッシュの郵便博物館やグスタフ・パイヒルのシュテードリッヒ美術館別館を見学後、フランクフルトの中心の古い広場にあるレストランで昼食。その後は、ヨーゼフ・クライフュズの設計による考古学博物館を見学した。これは予想に反して良質な建物だった。そして、今度は審査員たちとホラインの現代美術館を見学した後、空港からミラノへ向かった。

　ミラノは快晴。白い夏雲が湧いていた。コモ、キアッソを経て、ルガノに着く。投宿先は「グランド・ホテル・エデン」。カーターはうちとけて、「僕は鎌倉の家で矢代幸雄さんに会ったよ。サンドロ・ボッティチェルリの話をしたよ」と話しかけてきた。

　全員、シャワーを浴びて着替え、丘の上にあるレストラン「ヴィラ・プリンシピ・レオポルド」に行った。丸いテーブルを囲んで一同が座り、カーターの合図、一、二の三で自分のお皿を隣へ回した。

　私は、寝ながらプリッカー賞の財源を考えていた。ハイアット・ホテルの収益かしら？　審査員は、アメリカ人が90％で、イギリス人1人、イタ

リア人1人、メキシコ人1人、そして日本人1人。しかも建築家は2人しかいない。これで建築界のノーベル賞もないものだ。

6月14日早朝、マリオ・ボッタが二人の所員ウゴとパオラを連れてやって来た。まず、ブレガンソンの住宅を見た。あとはカプチン派教会の図書館、ゴッタルド銀行、マリオの事務所、ランシーラを眺めた。マリオと別れて審査員五人で昼食。一行はボッタの作品に住居が多いのに不満そうだった。

「どれも狭くて窮屈だ。マリオ・ボッタは建築家として可能性はあるのか」などと言い出す。私はマリオ・ボッタはプリツカー建築賞に相応しいと思っていたので、「ボッタは過渡期の建築家だ。住宅から出発して次の段階にあるところだ」と弁護した。

ミラノに戻り、ミラノ空港からヴェネチア空港へ向かった。空港からボートで投宿先の「ホテル・グリッティ」へ。8時、レストラン「コロンボ」に行くと、食卓に一同が並んだ。そこで、プリツカー一家に紹介された。プリツカー建築賞の創設者ジェイ・プリツカーは小柄の人、妻のシンディはわが物顔に振る舞う人。アレン、その妻リン、ペギー、ブライアン、そして長男トーマスの妻マーゴット。誰が息子で、誰が従兄弟か、さっぱりわからない。だが、彼らがプリツカー家の一族を形成しているのだ。話題はこれからのソヴィエトの行方、そしてドル経済の行方などさまざまだった。

6月15日、午前6時に起床。ヴェネチアは曇天だった。ルーム・サーヴィスの朝食をとる。8時、パラディオのヴィラ見学旅行が始まった。ジェイ、シンディ、エイダ・ルイズ、ビル、リカルド、アルフレッド、ナンシー、それと私が参加した。

タクシーでローマ広場へ、そこからはバスで移動した。ヴィラ・フォスカリを外から眺め、ヴィチェンツァへ。ヴィラ・キャプラを外から眺め、

ヴィラ・ヴァルマラナを見学。同時に、ジェイやシンディの田舎者ぶりを観察した。ヴィラ・ヴァルマラナの壁画を見て、これは建築の質の低下に繋がるのではないかと不安になった。

テアトロ・オリンピコを見学。午後2時にヴェネチアに戻った。5時、女流写真家ディーダが現れた。カナレッジオの彼女のスタジオに行った。ホテルに戻ると、建築史家セルジオ・ボラーノの女弟子で、派手な容貌のミッシェルがにこにこしながら待っていた。こんなところを、あまり他人に見られたくないなと思っていたところ、ディーダがやって来た。両手にイタリア女性を抱えてレストラン「コンカ・ドーロ」に行くと、ばったりフランチェスコ・ダル・コに出会った。結婚したばかりの新妻グレーフェンも一緒だった。それからは、互いに喋りまくった。やがて、どやどやと一団の人々が乱入してきた。プリツカー家一党だった。

6月16日、運河に面したテラスで、アレンとリンと一緒に朝食をとった。ヴェネチアの狭い道はツーリストで溢れ、サン・マルコ広場はごった返していた。ハイアット式大衆文化ホテルが、かつての植民地のように、世界を観光地化している。コロニアライゼーションではなく、ツーリズミゼーションである。なんと、向こうから小沢一郎がお供の人を従えてやって来るではないか。

10時半、ジェイ、シンディ、カーター、エイダ・ルイズ、ビル、リカルドと一緒にパラッツォ・グラッシに行った。そこで、アルド・ロッシ、パオロ・ピヴァ、内田繁、堀口豊太、アジミに会った。驚いたことに、審査員たちはロッシとは初対面だった。

11時、プレス・コンフェランス。まず、ビルの挨拶から始まり、審査員の紹介があった。それから、カーターのスピーチ。ひとつ、なぜ、プリツカー建築賞か？ 二つ、なぜ、アルド・ロッシか？ 三つ、なぜ、ヴェネチアか？ そして、アルドの挨拶。今日は緊張しているのか、アルドはに

1994年3月16日。パラッツォ・グラッシ（ヴェネチア）にて。プリツカー賞審査員一同。右から、チャールズ・コレア、ジョヴァンニ・アニェッリ（Fiat）、ビル・レーシー、エイダ・ルイズ・ハクスタブル、J・カーター・ブラウン、フランク・O・ゲーリー、そして筆者（提供：パラッツォ・グラッシ）

こりともしない。彼はスピーチで機能主義の必要を認めていたが、この頃の彼の作品には、以前のような思索性も合理性も失われつつあるように見えたのだが、これも観光地化文化の進める商業化の影響だろう。

　12時、プレスカンファレンスが終わり、ホテルに戻って、カーター、エイダ・ルイズ、リカルドと昼食をとった。3時、ペギー・グッゲンハイム・コレクションに行った。

　午後7時半、正装して、一同、パラッツォ・グラッシに出かけた。アルド・ロッシの授賞式である。この日のアルド・ロッシは、並み居るブラック・タイを尻目に平服であった。フィアットの総帥ジョヴァンニ・アニェッリも審査員のひとりとして参加した。老人ながら眼光鋭い人物だ。カーター、ジェイ、アルド、ビルの順で挨拶があった。カーターが今回の

1999年6月7日。アルテス・ムゼウム（ベルリン）にて。左より、受賞者フランク・O・ゲーリー、レンゾ・ピアノ、ハンス・ホライン、そして審査員ホルヘ・シルヴェティ、筆者、J・カーター・ブラウン
（撮影：Andreas Taubert、出典：The Pritzker Architecture Prize Monograph〔1999年度〕）

審査員を紹介。新しいメンバーとして私が紹介された。列席者はハンス・ホライン夫妻、マリオ・ガンデルソナス、ダイアナ・アグレスト、ファビオ・ラインハルト、オランダの歴史家のウンベルト・バルベリーニ、エットレ・ソットサス、アレッサンドロ・メンディーニ、フランチェスコ・ダル・コ夫妻。

　晩餐会のテーブルはホライン夫妻とソットサス、羽織袴の内田繁と同席。ソットサスとは初対面だったので挨拶をすると、ハンスに、「オマエ、ソットサスを知らなかったのか。なんという編集者だ！」と咎められた。

　以後、9年間審査員を務めることになった。

　審査会は、毎年2月か3月に開かれ、5月か6月頃に授賞式が行われた。1991年の授賞はロバート・ヴェンチューリ。前年のロッシと同様に、

授賞式では平服だった。「デニス・スコット・ブラウンと一緒に受賞させなかった審査員への抵抗ですね」と誰かが言った。

1992年はアルヴァロ・シザ。彼はもそもそと、「私の作品は不完全なもので、断片的です。ポケットの中の紙片に書かれた詩のようなものです」と呟いた。

1993年は槇文彦。プラハ城での授賞式。チェコ共和国のヴァーツラフ・ハヴェル大統領、チェコ共和国下院議長ミラン・ウーデの挨拶、そして槇さんの講演は、東京、シカゴ、プラハの三都物語だった。

1994年はクリスチャン・ド・ポルツァンパルク。審査中、カーターが念を押すように言った。「いいかね、次の三つ、国籍、経歴、作品が大事なのだよ」。

1995年は安藤忠雄。カーターの一言で授賞者が決まった。

1996年はラファエル・モネオ。この年から、ハーヴァード大学教授ホルヘ・シルヴェティが審査員に加わった。審査会では議論噴出。カーターがある候補者の名前を挙げ、それに対して私は候補者を分類して、別の候補者を提案した。

1997年はスヴェレ・フェーン。スペイン・ビルバオ。フランク・O・ゲーリーによる工事中のグッゲンハイム美術館。中央ホールの吹き抜け空間の授賞式であった。チャールズ曰く、「この建物はマニエリスムだな」。

1998年はレンゾ・ピアノ。チャールズを除いて全員一致。「ホワイト・ハウス」のイースト・ルームで審査員一同、クリントン大統領に謁見した。通称「マリーン・ワン」の芝生にテントを張った会場にて、授賞式が行われた。ニューヨークの建築家はほとんどが出席。ジョンソンやアイゼンマンはさすがにいなかった。ファースト・レディー、ヒラリー・クリントン夫人が祝辞、イェール大学名誉教授のヴィンセント・スカリーの講演、そしてクリントン大統領の賛辞。傍らにいた人が呟いた「なんだ、

イェール大学の同窓会じゃないか」。

1999年はノーマン・フォスター。2月20日に開催された審査会で、私はこの年限りの引退を告げた。授賞式は6月7日、シンケル設計の「アルテス・ムゼウム」で行われた。この年から、ジェイに代わってトーマスが代表者になった。宴会はラファエル・モネオ設計のグランド・ハイアット・ホテルで行われた。カーターが審査員紹介のなかで言った。「これから Toshio Nakamura なんて呼ばずに、Tokyo Nakamura と呼ぼう」。

25 忘れえぬ人々、二人の韓国人建築家

《1971年8月11日 9時、菊竹事務所を訪問し、菊竹清訓氏と会う。11時15分、迎えの自動車が来て、早稲田大学に行く。吉阪隆正先生、渡邊洋治さんと同乗して浜町河岸の東京テレビセンターへ行く。韓国の建築家金重業さんに紹介される。堂々たる体格とやや押しつけがましいところのある人だったが、旧制横浜高等工業学校の卒業生で、松田・平田事務所に勤務し、吉阪先生が帰国の後で、ル・コルビュジエのアトリエに入所したという。前川國男、坂倉準三、吉阪隆正、バルクリシュナ・ドーシに続くアジアからの最後の留学生となった。今日は金さんの作品を撮影した映画を見るのである。撮影はフランス人ポール・ビュロン、作曲はピエール・カミュ。映画は金さんの設計によるソウルにあるフランス文化会館の紹介で、反り上がった屋根は明らかにル・コルビュジエの影響を示していた。記録映画というよりもむしろ芸術性の高い映画であった。》

《8月18日 午後5時30分、金重業さんが来社。新宿の韓国料理店「香苑」へ行く。金さんは焼肉が大好きで、もうもうたる煙のなかで大声を出して話をする。金さんは1952年ヴェネチアで行われたユネスコの最初の国際会議に出席し、韓国

金重業が配布した自作のパンフレット。四折を広げたところ。

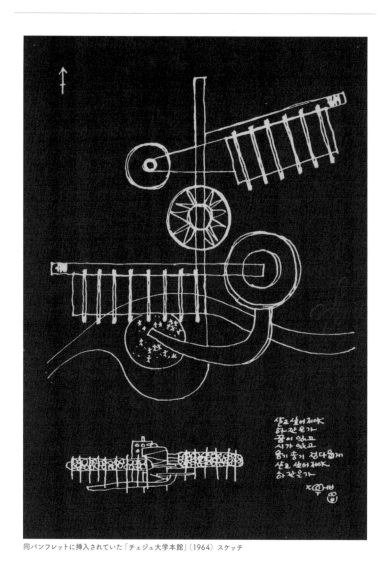

同パンフレットに挿入されていた「チェジュ大学本館」(1964) スケッチ

語で詩を朗読し、その折、ル・コルビュジエに会った。それから4年間、コルのアトリエで働くことになった。ル・コルビュジエはガウディを建築家として認めていたとか、グロピウスはもう少しで建築家になれたのになれなかったとか、アアルトは駄目、ライトは間違っている等々、金さんの話はどこまでも続いた。》

《9月1日　12時10分、東京テレビセンターに行く。映画『Chung Kim Up』の初公開である。同席者は金重業、ポール・ビュロン、馬場璋造、中村（東芝）、伊藤（松田・平田）、渡邊洋治、李（吉阪研）、ピエール・カミュ、何某澄子さん（フランス語の通訳）といった人々、それに金重業さんの弟も出席した。》

《11月20日　浜松町からモノレールで羽田空港に着く。金さんのパリ行を送りに来たのだ。アエロフロートのカウンターを探したがいないので困惑していると、なんとJALのカウンターに金重業さんはいた。モスクワ経由だとソ連のビザが必要だが金さんは持っていないので、JALにしたのだという。金さんの行き先はパリだが、それはほぼ亡命に近いものだった。実は金さんは都市開発を巡って長いこと軍事政権と対立し、遂にフランスへの追放が決まったのだ。出国に際して、金さんから膨大な図面の束と例の映画一巻を預かった。》

　こうして日本を去った金さんの作品は、1972年2月号に掲載された。それは1964年に完成したチェジュ島にあるチェジュ大学の本部の建物である。建物は近代建築の造形言語をことごとく拭い捨てた曲線と不整形な線と面から形成されている。一体、金さんはどこからこうした発想を得たのだろうか？　金さんはパリの郊外に住んでいるらしく、何度か手紙を貰った。命の危険を感ずることもあると書いて寄こした。やがて金さんはアメリカに渡って行った。そして1978年には帰国を許された。

＊　＊　＊

《1977年5月26日　午後4時半、帝國ホテル1650号室に金壽根さんをたずね

る。ソウルに金さんが設計した「空間舎」の雑誌発表についての相談だ。「空間舎」とは文化団体で、雑誌『空間』を発刊、『a+u』とは交換し合っている。同席はＪさんと金夫人。撮影は村井修さんに依頼し、写真代は『a+u』が持つということに決まった。Ｊさんから『タイム』誌５月30日号を渡された。そのなかにＳ・チャンさんが書いた金壽根さんの記事があった。それがなんと「ソウルの踊るロレンツォ（デ・マルキ）」という大袈裟なタイトルがついていて、いささか不愉快になった。》

　しかし実際に翌年４月、「空間舎」の建物を見学に出かけた。見学者は椎名政夫さん、宮脇檀さん（金壽根さんと東京藝術大学での同級生、そのほか数名の同級生が同行した）、村井修さん、高木良代さん（SOM）たち。金壽根さんの手際よい配慮によって、あちこちの史跡を見たり、窯業の釜揚にも行けたし、楽しい宴会もあった。そして「空間舎」では伝説的舞踊も楽しめた。『a+u』に村井修さんの撮影した写真で「空間舎」を掲載された。

　《1979年２月20日　11時、三河台町の国際文化会館で金重業さんと会う。８年ぶりだろうか、今では金さんは韓国の体制側からも迎えられて、自由に海外にも渡航できるようになった。しかし持病のためニトログリセリンを携帯していた。白井晟一さんの知遇を得て、白井さんを盛んに褒めちぎっている。「白井先生がね、自分を兄貴だと思ってくれと言うんですよ。いい人ですねぇ」。12時過ぎ、金さんと新橋の堀金物店の会長堀英夫さんをたずねる。半円形の老眼鏡をかけている。金さんと堀さんはとりとめのない話をしている。そこへオーダとかいうインド人が現れて金さんの手相を見始める。２時半、渋谷のユーハイムで黒沢隆さんと会う。》

　《1984年９月29日　12時半、ダイアモンド・ホテルで金重業さんと会う。いきなり「中村さん、『a+u』を辞めなさい。自分の雑誌をつくりなさい」と言う。「自分の雑誌はどうしたのです？　自分のやりたいことはなぜやらないのですか？」……そういうものが次第に遠のいてゆくというのに……。昼食後、下村純一さんの写真展を眺め、アクシスビルでキム・ビーハムさんの個展を眺め、横山正さんに会い、金さん、ビーハムさん、横山さんらと夕食。横山さん曰く、「中村さんは結局『a+u』

を辞めないでしょうね」。》

《1985年3月22日　金壽根さんから電話。新宿プラザホテルに行く。中華料理を御馳走になる。秘かに金壽根さんと金重業さんを比べると、重業さんの方に好感を持っている。壽根さんはいささか表現過多である。この日も「日本の建築家はもっとニンニクを食べなくちゃ」と言う。しかし作品となると壽根さんのほうがはるかに現代的である。世界の状況を心得て、それに韓国としてどのように対処するか承知している──「光州事件についてはいろいろ批判もあるでしょうが、日本と韓国では50年の差があるのです。ですからあれは日本で言えば昭和10年代の事件なのです（まさか二・二六事件のことではないでしょうね）。日本の現在は四百万人の犠牲者の上にあることを忘れてはいけないと思いますよ（だがどうやって忘却から守るのか？）」金壽根さんは現在の韓国は今なお軍国主義だと批判的だった……。》

　金重業さんは1988年糖尿病で亡くなり、享年66歳。金壽根さんは1986年に肝臓癌で亡くなった。享年54歳。

人物註

1.『近代建築』の頃

瀧口修造（たきぐち・しゅうぞう、1903-1979） 美術評論家、詩人、画家。慶應義塾大学英文科卒業。日本におけるシュルレアリスムを戦前より牽引した。著書に『幻想画家論』（新潮社、1959）など。

フランク・ロイド・ライト（Frank Lloyd Wright, 1867-1959） アメリカの建築家。「有機的建築」の概念を提唱し、自然との調和を目指したデザインによって知られる。作品に《落水荘》（1935）、《グッケンハイム美術館》（1959）など。

今井兼次（いまい・けんじ、1895-1987） 建築家。早稲田大学理工学部建築学科卒業。同大学名誉教授。ガウディを日本に紹介したことで知られる。作品に《旧早稲田大学図書館》（1925）、《日本二十六聖人殉教記念館》（1962）など。

ル・コルビュジエ（Le Corbusier, 1887-1965） スイス出身の建築家、画家。フランスを中心に活躍。作品に《サヴォア邸》（1928-30）、《ロンシャンの礼拝堂》（1954）など。 著書に『建築をめざして』（1923 [鹿島出版会, 1967]）など。

内井昭蔵（うちい・しょうぞう、1933-2002） 建築家。早稲田大学大学院修士課程修了。菊竹清訓設計事務所を経て、1967年に内井昭蔵建築設計事務所を設立。作品に《世田谷美術館》（1986）など。

竹山実（たけやま・みのる、1934- ） 建築家。早稲田大学理工科系大学院修士課程及びハーヴァード大学大学院修士課程修了。1964年に竹山実建築綜合研究所を開設。イリノイ大学名誉教授。武蔵野美術大学名誉教授。作品に《SHIBUYA109》（1978）、《晴海客船ターミナル》（1993）など。

松井源吾（まつい・げんご、1920-1996） 構造家。早稲田大学大学院博士課程修了。同大学名誉教授。作品に《出雲大社庁の舎》（1963）、《中銀カプセルタワービル》（1972）の構造設計など。

ニコライ・ガヴリーロヴィチ・チェルヌイシェフスキー（Николай Гаврилович Чернышевский, Nikolai Gavrilovich Chernyshevskii, 1828-1889） ロシアの哲学者、経済学者。ナロードニキ運動の創設者のひとり。著書に『現実に対する芸術の美学的関係』（1855 [日本評論社, 1948]）、『何をなすべきか』（1863 [新星社, 1951]）など。

ジークフリード・ギーディオン（Sigfried Giedion, 1888-1968） スイスの建築史家、建築・美術評論家。ETHZ 教授。著書に『空間・時間・建築』（1941 [丸善, 1969]）など。

グスタフ・アドルフ・プラッツ（Gustav Adolf Platz, 1881-1947） ドイツの建築家。1913年よりマンハイムの都市計画に従事した。著書に『Die Baukunst der neuesten Zeit（近代建築史）』（1927）など。

アドルフ・ベーネ（Adolf Behne, 1885-1948） ドイツの建築・芸術批評家。表現主義建築の理論的支柱となった。著書に『Der moderne Zweckbau（現代の目的建築）』（1926）など。

浜口隆一（はまぐち・りゅういち、1916-1995） 建築評論家、建築史家。前川國男建築事務所に入所後、東京帝国大学大学院修士課程修了。著書に『ヒューマニズムの建築　日本近代建築の反省と展望』（雄鶏社、1947）など。

川添登（かわぞえ・のぼる、1926- ） 編集者。建築評論家。早稲田大学理工学部建築学科卒業。『新建築』編集長を務めたが、1957年の新建築問題で退職。メタボリズム運動に参加。著書に『民と神の住まい』（光文社、1960）、『生活学の提唱』（ドメス出版、1982）など。

白井晟一（しらい・せいいち、1905-1983） 建築家。京都高等工芸学校図案科卒業。ベルリン大学にてヤスパースに師事したのち、建築家として活動した。作品に《親和銀行》（1967）、《虚白庵》（1970）など。

今和次郎（こん・わじろう、1888-1973） 民俗学研究者。東京美術学校図案科卒業後、早稲田大学講師、助教授を経て教授に就任。日本生活学会を設立。「考現学」を提唱。著書に『日本の民家：田園生活者の住家』（鈴木書店、1922）、『モデルノロジオ：考現學』（春陽堂、1930）など。

名取洋之助（なとり・ようのすけ、1910-1962）　写真家、編集者。日本人カメラマンとして初めて、『LIFE』と契約した。1934年に対外宣伝誌『NIPPON』を創刊。著書に『写真の読み方』（岩波新書、1963）など。

宮嶋圀夫（みやじま・くにお、1930-1987）　編集者。日本大学建築学科卒業。『近代建築』編集部アルバイトを経て、1953年より『新建築』編集部勤務。新建築問題後、1958年から1960年は再び『近代建築』編集部に勤める。1960年からは『建築』の編集に携わり、1963年以後は同誌編集長を務めた。

栗田勇（くりた・いさむ、1929-）　フランス文学者、美術評論家、作家。東京大学大学院修士課程修了。著書に『一遍上人 旅の思索者』（新潮社、1977）、訳書に『ロートレアモン全集 全3巻』（ユリイカ、1957-58）など。

関根弘（せきね・ひろし、1920-1994）　詩人、評論家。『列島』『現代詩』などの詩運動のリーダーとして活躍。詩集に『絵の宿題』（健民社、1953）、評論集に『狼がきた』（ユリイカ、1955）など。

流政之（ながれ・まさゆき、1923-）　彫刻家、作庭家。世界各地を放浪し、独学で彫刻を学ぶ。1962年「大分県庁舎」で日本建築学会賞受賞。作品に《雲の砦》（1975）、《江戸きんきら》（1992）など。

浅田孝（あさだ・たかし、1921-1990）　建築家、都市計画家。東京大学大学院特別研究生修了後、丹下研究室の主任研究員を務め、広島平和記念公園施設、香川県庁舎などの丹下の代表作品に携わった。メタボリズム運動に参加。著書に『環境開発論』（鹿島研究所出版会、1969）など。

大高正人（おおたか・まさと、1923-2010）　建築家、都市計画家。東京大学大学院修了後、前川國男建築事務所を経て、1962年に大高建築設計事務所を設立。メタボリズム運動に参加。作品に《坂出人工土地》（1967）、《千葉県文化会館》（1968）など。

菊竹清訓（きくたけ・きよのり、1928-2011）　建築家。早稲田大学理工学部建築学科卒業後、村野・森建築設計事務所を経て、1953年に菊竹清訓建築設計事務所を設立。メタボリズム運動に参加。著書に『代謝建築論　か・かた・かたち』（彰国社、1969）など。作品に《スカイハウス》（1958）、《出雲大社庁の舎》（1963）など。

黒川紀章（くろかわ・きしょう、1934-2007）　建築家、思想家。京都大学工学部建築学科を経て、東京大学大学院工学系研究科建築学専攻博士課程単位取得退学。丹下研究室所属中の1962年に株式会社黒川紀章建築都市設計事務所を設立。メタボリズム運動

に参加。作品に《中銀カプセルタワービル》（1972）など。

槇文彦（まき・ふみひこ、1928-）　建築家。東京大学工学部建築学科卒業後、丹下研究室を経てアメリカに留学し、クランブルク美術学院およびハーヴァード大学大学院博士課程修了。1965年に槇総合計画事務所を設立。メタボリズム運動に参加。著書に『見えがくれする都市』（鹿島出版会、1980）など。作品に《ヒルサイドテラス》（1969）など。

ルイス・I・カーン（Louis Isadore Kahn, 1901-1974）　アメリカの建築家。イェール大学教授。ブルータリズムの代表的な建築家のひとり。作品に《ソーク研究所》（1959-65）など。

アリソン・スミッソン（Alison Smithson, 1928-1993）　ピーター・スミッソン（Peter Smithson, 1923-2003）　イギリスの建築家、都市計画家。チームXの中心的メンバー。著書に『スミッソンの都市論（Ordinariness and Light）』（1970『彰国社、1979』）。作品に《エコノミストビル》（1959-1965）など。

二川幸夫（ふたがわ・ゆきお、1932-2013）　建築写真家、建築評論家。早稲田大学文学部卒業後、『日本の民家』にてデビュー。1970年に A.D.A.EDITA Tokyo を設立し、雑誌『GA』を発行。著書に『日本の民家』（美術出版社、1957-59）、『現代の数寄屋』（淡交社、1971）など。

粟津潔（あわづ・きよし、1929-2009）　グラフィックデザイナー。メタボリズム運動に参加。著書に『デザインの発見』（三一書房、1966）など。

アントニン・レーモンド（Antonin Raymond, 1888-1976）　チェコ出身の建築家。作品に《夏の家》（1933）、《東京女子大学礼拝堂》（1938）など。

前川國男（まえかわ・くにお、1905 -1986）　建築家。東京帝国大学工学部建築学科卒業後、ル・コルビュジエに師事。帰国後、レーモンド建築設計事務所を経て、1935年に前川國男建築設計事務所を設立。作品に《東京文化会館》（1961）、《東京海上ビルディング本館》（1974）など。

吉田五十八（よしだ・いそや、1894-1974）　建築家。東京美術学校卒業。1923年に吉田建築事務所を開設。東京美術学校教授を経て、1961年まで東京藝術大学教授。数寄屋建築の近代化に力を注いだ。作品に《杵屋別邸》（1936）など。

2. 鹿島出版会の頃

平良敬一（たいら・けいいち、1926-）　建築ジャーナリスト。東京大学第一工学部建築科卒業。新日本建築

家集団（NAU）事務局に参加。『国際建築』編集部員を経て、『新建築』に移籍するも、新建築問題にて退社。『建築知識』『建築』『SD』『都市建築』の編集に携わり、1974年に編集事務所・建築思潮研究所を設立。著書に『「場所」の復権』（建築資料研究社、2005）、訳書にバーナード・ルドフスキー『人間のための街路』（鹿島出版会、1973）など。

ケヴィン・リンチ（Kevin Lynch, 1918-1984）　アメリカの建築家、都市計画家、都市研究者。著書に『都市のイメージ』（1960 [岩波書店、1968]）など。

佐々木宏（ささき・ひろし、1931-）　建築家、建築批評家。東京大学大学院博士課程修了。1969年に佐々木宏建築研究室を開設。著書に『近代建築の目撃者』（新建築社、1977）、訳書にS・E・ラスムッセン『経験としての建築』（美術出版社、1966）など。

鹿島昭一（かじま・しょういち、1930-）　鹿島建設取締役相談役。東京大学工学部建築学科卒業後、父鹿島守之助が社長を務める鹿島建設に入社。《リッカー会館》（1963）などを担当。

高階秀爾（たかしな・しゅうじ、1932-）　美術史学者、美術評論家。東京大学大学院在学中に渡仏。帰国後、国立西洋美術館主任研究員を務める。東京大学文学部名誉教授。著書に『世紀末芸術』（紀伊國屋書店、1963）、『日本近代美術史論』（講談社、1972）など。

高瀬隼彦（たかせ・はやひこ、1930-）　建築家。ハーヴァード大学大学院デザイン学部建築科修了。鹿島建設に所属時代、ロサンゼルスに赴任。リトルトーキョーの再開発計画に携わった。1977年にタカセ・アソシエーツを設立。

椎名政夫（しいな・まさお、1928-）　建築家。クランブルック美術大学建築都市計画専攻大学院修了。1965年に椎名政夫建築設計事務所を設立。ラファエル・ヴィニオリ設計《東京国際フォーラム》（1996）に日本側設計者として携わった。作品に《ホンダ青山ビル》（1985）など。

穂積信夫（ほづみ・のぶお、1927-）　建築家。早稲田大学理工学部建築学科卒業後、渡米し、ハーヴァード大学大学院修了。エーロ・サーリネン建築設計事務所に勤務後、早稲田大学助教授を経て、同大学教授、現在名誉教授。作品に《田野畑中学校および寄宿舎》（1976）、《早稲田大学本庄高等学院》（1984）など。

松本哲夫（まつもと・てつお、1929-）　建築家、インテリアデザイナー。千葉大学工学部建築学科卒業後、剣持勇デザイン研究所（現・剣持デザイン研究所）チーフデザイナーを経て、代表取締役。インテリア作品に《京王プラザホテル》（1971）など。ヤクルトの容器など

のプロダクトデザインも手がける。

柳宗玄（やなぎ・むねもと、1917-）　美術史家。東京帝国大学卒業後、フランス、ベルギーに留学。帰国後、東京芸術大学助教授、お茶の水女子大学教授（現在名誉教授）、武蔵野美術大学教授を務めた。著書に『ロマネスク美術』（学習研究所、1972）など。

渡辺義雄（わたなべ・よしお、1907-2000）　写真家。東京写真専門学校卒業。「日本写真家協会」設立の発起人となり、1957年から1980年まで会長を務めた。1990年より東京都写真美術館初代館長。著書に『伊勢神宮』（平凡社、1973）など。

勝見勝（かつみ まさる、1909-1983）　美術評論家。東京帝国大学卒業。『グラフィックデザイン』を創刊。東京五輪においてデザイン専門委員会委員長を務めた。著書に『手・道具・機械 人間進化の跡』（さ・え・ら書房、1949）など。

山本学治（やまもと がくじ、1923-1977）　建築家、建築評論家。東京帝国大学大学院修了後、東京美術学校に赴任、その後、東京藝術大学教授。著書に『素材と造形の歴史』（鹿島出版会、1966）など。

伊藤ていじ（いとう・ていじ、1922-2010）　建築史家。東京帝国大学第二工学部建築学科卒業。同大学助手などを経て、工学院大学教授、同大学学長を務める。著書に『日本の民家』（美術出版社、1957-59）など。

樋口清（ひぐち・きよし、1918-）　建築家。東京工業大学建築学科及び東京帝国大学文学部仏文学科卒業。訳書にジークフリード・ギーディオン『現代建築の発展』（みすず書房、1961）、ル・コルビュジエ『建築へ』（中央公論美術出版社、2003）など。

吉阪隆正（よしざか たかまさ、1917-1980）　建築家。早稲田大学大学院修了後、同大学助手を経て、渡仏。ル・コルビュジエに師事。1953年に吉阪研究室（U研究室）を設立。その後、早稲田大学教授、同大学理工学部長を務める。著書に『住居学汎論』（相模書房、1950）など。作品に《ヴェネチア・ビエンナーレ日本館》（1956）など。

アメデオ・オザンファン（Amédée Ozenfant, 1886-1966）　フランスの画家。ル・コルビュジエと共に雑誌『L'Esprit Nouveau（新精神）』（1920-1925）を刊行。

シャルル=エドゥアール・ジャンヌレ（Charles-Edouard Jeanneret-Gris, 1887-1965）　ル・コルビュジエの本名。

坂倉準三（さかくら・じゅんぞう、1901-1969）　建築家。東京帝国大学文学部美学美術史学科卒業後。1929年渡仏し、ル・コルビュジエに師事。1940年に坂倉準

三建築研究所（現・坂倉建築研究所）を設立。作品に《神奈川県立近代美術館》(1951) など。

マーテ・マヨール (Máté Major, 1904-1986)　ハンガリーの建築家。著書に『Építészettörténet（建築史）』全3巻 (1954-1960)。

宮内嘉久 (みやうち・よしひさ、1926-2009)　建築評論家。東京大学第二工学部建築学科卒業。雑誌『国際建築』『建築年鑑』などの編集を手がける。1958年に宮内嘉久編集事務所を設立。著書に『廃墟から反建築論』(晶文社、1976)、『建築ジャーナリズム無頼』(晶文社、1994)、など。

中原佑介 (なかはら・ゆうすけ、1931-2011)　美術評論家。京都大学理学部卒業。京都精華大学名誉教授。1976年、1978年にヴェネチア・ビエンナーレ国際美術展のコミッショナーを務めた。著書に『見ることの神話』(フィルムアート社、1972) など。

多木浩二 (たき・こうじ、1928-2011)　批評家。東京大学文学部卒業。東京造形大学教授、千葉大学教授などを歴任。写真を中心に建築や美術を対象として批評を行った。著書に『生きられた家』(田畑書店、1976) など。

生田勉 (いくた・つとむ、1912-1980)　建築家。東京帝国大学工学部建築学科卒業。東京大学名誉教授。作品に《牟礼の家》(1962) など。

針生一郎 (はりう・いちろう、1925-2010)　美術評論家、文芸評論家。東北大学文学部卒業後、東京大学大学院で美学を学ぶ。多摩美術大学教授、和光大学教授などを歴任。和光大学名誉教授。著書に『芸術の前衛』(弘文堂、1961)、訳書にハンス・リヒター『ダダ　芸術と反芸術』(美術出版社、1966) など。

岡田隆彦 (おかだ・たかひこ、1939-1997)　詩人、美術評論家。慶應義塾大学文学部卒業。同大学教授を務めた。著書に『史乃命』(新芸術社、1963)、『危機の結晶 現代美術覚え書』(イザラ書房、1970) など。

神代雄一郎 (こうじろ・ゆういちろう、1922-2000)　建築史家、建築評論家。東京帝国大学工学部、同大学院を経て、明治大学建築学科に助教授として着任。その後、同大学教授、名誉教授。著書に『日本建築の美』(井上書院、1967)、『間・日本建築の意匠』(鹿島出版会、1999) など。

磯崎新 (いそざき・あらた、1931-)　建築家。東京大学大学院建築学博士課程修了。丹下健三に師事。1963年に磯崎新アトリエを設立。著書に『空間へ』(美術出版社、1971)、『建築の解体』(同、1975) など。作品に《大分県立中央図書館》(1966) など。

杉浦康平 (すぎうら こうへい、1932-)　グラフィックデザイナー。東京藝術大学建築科卒業後、高島屋宣伝部を経て独立。神戸芸術工科大学名誉教授。作品に《時間軸変形地図》(1969) など。

クロード・ニコラ・ルドゥー (Claude Nicolas Ledoux, 1736-1806)　フランスの建築家。作品に《ショーの製塩工場》(1773-1779) など。

リチャード・バックミンスター・フラー (Richard Buckminster Fuller, 1895-1983)　アメリカの建築家、思想家、発明家。著書に『宇宙船地球号操縦マニュアル』(1969 [西北社、1985]) など。作品に《ウィチタハウス》(1944)、《バイオスフィア（モントリオール万博アメリカ館）》(1967) など。

ヘリット・トーマス・リートフェルト (Gerrit Thomas Rietveld, 1888-1964)　オランダの建築家。作品に《シュレーダー邸》(1924) など。

アントニ・ガウディ (Antoni Plàcid Guillem Gaudí i Cornet, 1852-1926)　スペインカタルーニャ地方の建築家。作品に《カサ・バトリョ》(1906)、《サグラダ・ファミリア》(1883-) など。

ロバート・ヴェンチューリ (Robert Venturi, 1925-)　アメリカの建築家。著書に『建築の複合と対立』(1966 [美術出版社、1969])、共著に『ラスベガス』(1972 [鹿島出版会、1978]) など。作品に《母の家》(1962) など。

フィリップ・ジョンソン (Philip Johnson, 1906-2005)　アメリカの建築家。著書に『インターナショナル・スタイル』(ヘンリー=ラッセル・ヒッチコックとの共著、1932 [鹿島出版会、1978]) など。作品に《ガラスの家》(1949) など。

アンドレア・パラディオ (Andrea Palladio, 1508-1580)　イタリア後期ルネサンスの建築家。作品に《ラ・ロトンダ》(1567) など。

フレデリック・キースラー (Frederick John Kiesler, 1890-1965)　オーストリア出身の建築家。作品に《エンドレス・ハウス》(1958-59) など。

アドルフ・ロース (Adolf Loos, 1870-1933)　オーストリアの建築家。著書に『虚空へ向けて』(1921 [編集出版組織体アセテート、2012])、『Trotzdem（にもかかわらず）』(1932) など。作品に《ロースハウス》(1910) など。

植田実 (うえだ・まこと、1935-)　編集者、建築評論家。早稲田大学第一文学部卒業。『都市住宅』編集長、『GA HOUSES』編集長を歴任。著書に『集合住宅物語』(みすず書房、2004)、『都市住宅クロニクル』(同、2007)。

ピーター・コリンズ（Peter Collins, 1920-1981）　イギリス出身の建築史家、建築批評家。1956年よりカナダのマギル大学の教授を務めた。著書に『Changing Ideals in Modern Architecture, 1750-1950』（1965）など。

馬場璋造（ばば・しょうぞう、1935-）　編集者、建築評論家。早稲田大学第一政経学部卒業後、新建築社に入社。1971年より新建築社取締役編集長を務める。著書に『生き残る建築家像』（建築情報システム研究所、1990）など。

3.『a+u』の誕生

吉田義男（よしだ・よしお、1928-2010）　新建築社元会長。『新建築』『a+u』のほか、『JA』『新建築住宅特集』などを発刊。建築設計競技『吉岡賞』を創設。

クリストファー・アレグザンダー（Christopher Alexander, 1936-）　オーストリア出身の建築家、都市計画家。著書に『形の合成に関するノート』（1964［鹿島出版会、1978]）、『パタン・ランゲージ』（1977［鹿島出版会、1984]）など。

中埜博（なかの・ひろし、1948-）　建築家、合同会社CEST代表。早稲田大学理工学部建築学科卒業、カリフォルニア大学バークレー校環境設計学部建築学科大学院修了。クリストファー・アレグザンダーの著作の翻訳においても知られる。訳書にクリストファー・アレグザンダー『ザ・ネイチャー・オブ・オーダー』（鹿島出版会、2013）など。

デイヴィッド・グッドマン（David G. Goodman, 1946-2011）　アメリカの日本文学、日本演劇研究家。著書に『逃亡師──私自身の歴史大サーカス』（晶文社、1976）など。

高梨豊（たかなし・ゆたか、1935-）　写真家。日本大学芸術学部卒業後、桑沢デザイン研究所、日本デザインセンターなどを経て、独立。作品集に『都市へ』（イザラ書房、1974）、『町：高梨豊写真集』（朝日新聞社、1977）、『東京人:1978-1983』（書肆山田、1983）など。

丹下健三（たんげ・けんぞう、1913-2005）　建築家。東京帝国大学工学部建築科卒業後、前川國男建築事務所に入所。東京帝国大学大学院修了後、1946年に同大学建築科助教授に就任、丹下研究室をつくる。東京大学名誉教授。作品に《広島平和会館原爆記念陳列館》（1952）、《東京カテドラル聖マリア大聖堂》（1964）、《国立代々木屋内総合競技場》（1964）など。

清家清（せいけ・きよし、1918-2005）　建築家。東京工業大学卒業。同大学助手、助教授を経て教授。

東京藝術大学、東京工業大学名誉教授。作品に《森博士の家》（1951）、《斉藤助教授の家》（1952）、《私の家》（1954）など。

シーザー・ペリ（César Pelli, 1926-）　アルゼンチンの建築家。作品に《ペトロナスツインタワー》（1998）など。

フェルナンド・イゲーラス（Fernando Huigeras, 1930-2008）　スペインの建築家。作品に《モンテカルロ多目的センター》（1969）など。

金重業（김중업・きむ・じゅんおぷ／じゅうぎょう、1922-1988）　韓国の建築家。ル・コルビュジエに師事。作品に《チェジュ大学本館》（1964）、《国連記念墓地メインゲート》（1966）など。

カール・プルシャ（Carl Pruscha, 1936-）　オーストリア出身の建築家。ハーヴァード大学デザイン大学院にて槇文彦、ホセ・ルイス・マテオに師事。1976年より10年間ウィーン工芸大学の教授を務めた。作品に《CEDA》（1970）など。

ポール・ルドルフ（Paul Rudolph, 1918-1997）　アメリカの建築家。作品に《イェール大学建築学部棟》（1963）など。

アーキグラム（Archigram）　1961年、ピーター・クック、ロン・ヘロン、デイヴィッド・グリーン、デニス・クロンプトン、ウォーレン・チョーク、マイケル・ウェブによって結成されたイギリスの前衛建築家集団。1970年代初頭に活躍。雑誌『アーキグラム』（1961-1970）を刊行。建築ドローイング作品に《ウォーキング・シティ》（1964）、着脱可能な空間ユニットで組み立てられた《プラグイン・シティ》（同）。

カール・シュヴァンツァー（Karl Schwanzer, 1918-1975）　オーストリアの建築家。作品に《BMW本社ビル》（1973）など。

ピーター・クック（Peter Cook, 1936-）　イギリスの建築家。アーキグラムのメンバー。作品に《クンストハウス・グラーツ》（2003）など。

ハンス・ホライン（Hans Hollein, 1934-2014）　オーストリアの建築家。作品に《レッティ蝋燭店》（1966）、《ハース・ハウス》（1989）など。

アトリエ5（Atelier 5）　1955年に結成されたスイスの建築家集団。メンバーは、ザミュエル・ゲルバー、エルヴィン・フリッツ、ロルフ・ヘステルベルグ、ハンス・ホステットラー、アルフレド・ピニの5人。作品に《ハーレン・ジードルング》（1955）など。

ピーター・グラック（Peter L. Gluck, 1939-）　アメリカ

の建築家。イェール大学にてルイス・カーン、ポール・ルドルフに師事。ニューヨークを拠点として活動した。

レイマ・ピエティラ（Reima Pietila, 1923-1993）　フィンランドの建築家。作品に《カレヴァ教会》(1966)など。

ジャック・ダイアモンド（Jack Diamond, 1932-）　カナダの建築家。南アフリカ出身。作品に《シタデル・シアター》(1978) など。

バートランド・ゴールドバーグ（Bertrand Goldberg, 1913-1997）　アメリカの建築家。作品に《マリーナシティ》(1964) など。

グンナー・バーカーツ（Gunnar Birkerts, 1925-）　ラトビア出身の建築家。作品に《ミネアポリス連邦準備銀行》(1973) など。

バルクリシュナ・ヴィタルダス・ドーシ（Balkrishna Vithaldas Doshi, 1927-）　インドの建築家。ル・コルビュジエに師事し、シャンディガールやアーメダバードの計画に従事。作品に《サンガト（ドーシ・アトリエ）》(1980) など。

アノルドメニコ・ピカ（Agnoldomenico Pica, 1907-1990）　イタリアの建築家、建築批評家。著書に『Nuova Architettura Italiana（イタリアの新建築）』(1936) など。

ウルリッチ・フランツェン（Ulrich Franzen, 1921-2012）ドイツ出身の建築家。アメリカで活躍。ブルータリズムの建築家。作品に《アリー・シアター》(1968) など。

アルヴァ・アールト（Alvar Aalto, 1898-1976）　フィンランドの建築家。作品に《マイレア邸》(1937-38)、《セイナッツァロの役場》(1950-52) など。

ケネス・ブライアン・フランプトン（Kenneth Brian Frampton, 1930-）　イギリスの建築史家。ハル・フォスター編『反美学　ポストモダンの諸相』において「批判的地域主義」概念を提出。著書に『現代建築史』(1980 [青土社, 2003])、『テクトニック・カルチャー』(1995 [TOTO出版, 2002]) など。

ジオ・ポンティ（Gio Ponti, 1891-1979）　イタリアの建築家、インダストリアルデザイナー、家具デザイナー。作品に《ピレリ・ビル》(1960)、椅子《スーパーレジェーナ》(1951) など。

ジェームズ・スターリング（James Frazer Stirling, 1926-1992）　イギリスの建築家。彼の功績を記念して1996年にスターリング賞がイギリスで創設された。作品に《レスター大学工学部ビル》(1959)、《クロー・ギャラリー》(1987) など。

ジョン・ファウラー（John Beresford Fowler, 1906-1977）　英国のインテリアデザイナー。バッキンガム宮殿やイングランド銀行などのイギリスの歴史的建造物の内装に関わった。

ノーマン・フォスター（Norman Foster, 1935-）　イギリス出身の建築家。バックミンスター・フラーに師事。作品に《セインズベリー視覚芸術センター》(1978)、《香港上海銀行》(1985) など。

4. 磯崎特集とカーン特集

宮脇愛子（みやわき・あいこ、1929-2014）　彫刻家。日本女子大学文学部卒業。作品に《うつろひ》（シリーズ作品）など。磯崎新夫人。

ルイス・H・サリヴァン（Louis Henry Sullivan, 1856-1924）　アメリカの建築家。作品に《オーディトリアム・ビル》(1889) など。

アーサー・ドレクスラー（Arthur Drexler, 1925-1987）アメリカのキュレーター。1951年よりMoMAに所属。IAUS立案者のひとり。

ヴィンセント・スカリー（Vincent Joseph Scully, 1920-）　アメリカの建築史家。著書に『近代建築』(1961 [鹿島出版会, 1986]) など。

松下一之（まつした・かずゆき、1932-）　建築家。訳書にロバート・ヴェンチューリ『建築の複合と対立』（美術出版社、1969）。

三沢浩（みさわ・ひろし、1930-）　建築家。東京芸術大学建築科卒業後、レーモンド建築設計事務所勤務。1966年に三沢浩研究室を主宰、1991年に三沢建築研究所を設立。著書に『アントニン・レーモンドの建築』（鹿島出版会、1998）など。作品に《吉祥寺レンガ館モール》など。

横山正（よこやま・ただし、1939-）　建築史家。東京大学工学部建築学科卒業。同大学院総合文化研究科教授、情報科学芸術大学院大学教授を務めた。東京大学名誉教授。著書に『数寄屋逍遙──茶室と庭の古典案内』（彰国社、1996）など。

長大作（ちょう・だいさく、1921-2014）　家具デザイナー、建築家。東京美術学校建築科卒業後、坂倉準三建築研究所に入社。作品に《低座椅子》(1960) など。

新居千秋（あらい・ちあき、1948-）　建築家。武蔵工業大学工学部建築学科卒業、ペンシルヴァニア大学大学院芸術学部建築学科修了後、ルイス・カーンに師事。東京都市大学教授、ペンシルヴァニア大学客員教授。作品に《大船渡市民文化会館・図書館 リア

スホール》(2009) など。

ジョージ・コリンズ (George R. Collins, 1917-1993)
美術史家、建築史家。コロンビア大学の教授を務めた。ガウディを初めて英語に翻訳したことで知られる。著書に『Antonio Gaudi』(1960) など。

5. ニューヨーク・ファイヴ

キャロル・グラック (Carol N. Gluck, 1941) ウェルズリー大学卒業。日本近代史研究家。コロンビア大学教授。ピーター・グラック夫人。

ピーター・アイゼンマン (Peter Eisenman, 1932-) アメリカの建築家。1970年代にニューヨークでIAUSを主宰し、『オポジションズ』を出版。ロシア構成主義やジャック・デリダなどの思想的な影響から、「脱構築主義的建築」作品を手がけたことで著名。作品に《オハイオ州立大学ウェクスナーセンター》(1989)、《ホロコースト記念碑》(2005) など。

マイケル・グレイヴス (Michael Graves, 1934-) アメリカの建築家。作品に《ポートランド・ビル》(1982) など。

チャールズ・グワスメイ (Charles Gwathmey, 1938-2009) アメリカの建築家。作品に《グッケンハイム美術館増築棟》(1992) など。

ジョン・ヘイダック (John Hejduk, 1929-2000) アメリカの建築家。クーパー・ユニオン建築学部長。作品に《ウォール・ハウス2》(2001) など。

リチャード・マイヤー (Richard Meier, 1934-) アメリカの建築家。作品に《バルセロナ現代美術館》(1995) など。

マリオ・ガンデルソナス (Mario Gandelsonas, 1938-) アルゼンチン出身の建築家、批評家。プリンストン大学の教授。記号論や都市論を専門とする。

コーリン・ロウ (Colin Rowe, 1920-1999) イギリス出身の建築史家、建築家。コーネル大学教授。著書に『マニエリスムと近代建築 (The mathematics of the ideal villa and other essays)』(1976[彰国社, 1981])、『コラージュ・シティ』(1978 [鹿島出版会, 1992]) など。

ロバート・スターン (Robert Arthur Morton Stern, 1939-) アメリカの建築家。コロンビア大学教授。作品に《ルウェリン・パークの住宅》(1985)、《ノーマン・ロックウェル美術館》(1993) など。

ジャクリーン・T・ロバートソン (Jaquelin Taylor Robertson, 1933-) アメリカの建築家、都市計画家。1980年から1988年までヴァージニア大学建築学科の

学科長を務めた。

チャールズ・ムーア (Charles Willard Moore, 1925-1993) アメリカの建築家。作品に《シーランチ・コンドミニアム》(1965) など。

アラン・グリーンバーグ (Allan Greenberg, 1938-) 南アフリカ出身の建築家。アメリカで活躍。新古典主義的デザインを作風とする。作品に《バーグドルフグッドマン ファサード改修》(1984) など。

ロマルド・ジョゴラ (Romaldo Giurgola, 1920-) イタリア出身の建築家。作品に《ライト兄弟メモリアルビジターセンター》(1960) など。

6. "インスティテュート" (IAUS)

マーロン・ブランド (Marlon Brando, 1924-2004) アメリカの俳優。出演作品に『ゴッドファーザー』(1972) など。

アンソニー・ヴィドラー (Anthony Vidler, 1941-) アメリカの建築史家。クーパー・ユニオン建築学部長。著書に『歪んだ建築空間――現代文化と不安の表象』(2000 [青土社, 2006])、『20世紀建築の発明：建築史家と読み解かれたモダニズム』(2008 [鹿島出版会, 2012]) など。

マッシモ・ヴィネリ (Massimo Vignelli, 1931-2014) イタリアのデザイナー。1964年にミラノ・トリエンナーレ・グランプリを獲得。

ダイアナ・アグレスト (Diana I. Agrest, 1945-) アルゼンチン出身の建築家。著書に『圏外からの建築――映画・写真・鏡・身体』(1991 [鹿島出版会, 1995]) など。

ジェレミー・ギルバート・ロルフ (Jeremy Gilbert-Rolfe, 1945-) イギリスの画家。著書に『Beyond Piety: Critical Essays on the Visual Arts, 1986-1993』(1995) など。

ロザリンド・E・クラウス (Rosalind E. Krauss, 1941-) アメリカの美術評論家。著書に『オリジナリティと反復』(1985 [リブロポート, 1994]) など。

アネット・マイケルソン (Annette Michelson) アメリカの美術評論家、映画批評家。ティッシュ・スクール・オブ・アート名誉教授。

アラン・コフーン (Alan Colquhoun, 1921-2012) イギリスの建築家。著書に『Modern Architecture』(2002) など。作品に《フォレスト・ゲート高校》(1963) など。

アルド・ロッシ（Aldo Rossi, 1931-1997）　イタリアの建築家。著書に『都市の建築』（1966［大龍堂書店，1991］）など。作品に《ホテル・イル・パラッツォ》（1989）など。

モイセイ・ギンズブルグ（Moisei Ginzburg, 1892-1946）　ロシアの建築家。ロシア構成主義の理論的指導者。作品に《ナルコムフィン官舎》（1928-30）など。

ミース・ファン・デル・ローエ（Ludwig Mies van der Rohe, 1886-1969）　ドイツの建築家。ユニヴァーサル・スペースという概念を提唱したことで知られる。作品に《バルセロナ・パヴィリオン》（1929）、《ファンズワース邸》（1951）など。

ジョン・バギー（John Burgee, 1933-）　アメリカの建築家。フィリップ・ジョンソンと共にフィリップ・ジョンソン＆ジョン・バギー名義で多くの作品を手がけた。作品に《ソニービル》（ニューヨーク、1984）など。

トーマス・ミッチェル（Thomas Mitchel, 1892-1962）　アメリカの俳優、劇作家。出演作品に『駅馬車』（1939）など。

アンドリュー・ベンジャミン（Andrew Benjamin, 1952-）　オーストラリアの哲学者。著書に『Architectural Philosophy』（2000）など。

ピーター・M・ウルフ（Peter M. Wolf）　アメリカの都市計画家。イェール大学卒業。著書に『Eugène Hénard and the beginning of urbanism in Paris, 1900-1914』（1968）など。

ホセ・ラファエル・モネオ・バリェス（José Rafael Moneo Vallés, 1937-）　スペインの建築家。1996年プリツカー賞受賞。作品に《ディエストレ工場》（1967）、《アトーチャ駅》（1992）など。

アルヴィン・ボヤスキー（Alvin Boyarsky, 1928-1990）　イギリスの建築家。1971年から1990年までAAスクールの学長を務めた。

レオン・クリエ（Léon Krier, 1946-）　ルクセンブルク出身の建築家。著書に『Houses, Palaces, Cities』（1984）。

フランク・オーウェン・ゲーリー（Frank Owen Gehry, 1929-）　カナダ出身の建築家。コロンビア大学建築大学院教授。作品に《自邸》（1978）、《ビルバオ・グッゲンハイム美術館》（1997）など。

ヘンリー・カブ（Henry N. Cobb, 1926-）　アメリカの建築家。作品に《ライブラリータワー》（1990）など。

フィリス・ランバート（Phyllis Barbara Lambert, 1927-）　カナダ出身の建築家。1979年にカナダ建築センターを設立。2014年ヴェネチア・ビエンナーレ国際建築展において、生涯功績への金獅子賞を受賞。

ケヴィン・ローチ（Kevin Roche, 1922-）　アメリカの建築家。作品に《フォード財団ビル》（1967）、《ボルチモア国立水族館》（1981）など。

カート・フォースター（Kurt W. Forster, 1935-）　スイスの建築史家。著書に『Frank O. Gehry, Kurt W. Forster』（1999）など。

マイケル・ソーキン（Michael Sorkin, 1948-）　アメリカの建築評論家。著書に『Starting From Zero: Reconstructing Downtown New York』（2003）など。

7. ホワイト・アンド・グレイ

ティム・ヴリーランド（Thomas Reed Jr. Vreeland, 1925-）　アメリカの建築家。ルイス・カーンに師事。元UCLA教授。母ダイアナ・ヴリーランド（Diana Vreeland, 1903-1989）はアメリカのファッション雑誌編集者。作品に《クーパーズ・ポイント再開発計画》（1963）など。

ウェルナー・セリグマン（Werner Seligmann, 1930-1998）　ドイツ出身の建築家。ハーヴァード大学、ETHZなどで教鞭を執った。

リチャード・ワインシュタイン（Richard Weinstein, 1932-）　アメリカの建築家。ハーヴァード大学、ペンシルヴァニア大学で建築を学んだ後、I・M・ペイに師事。1985年にGSAUP（UCLA建築・都市計画学部大学院）の学長に就任。

クレイグ・ハジェッツ（Craig Hodgetts, 1937-）　アメリカの建築家。作品に《パウエル図書館》（1992）など。

アンソニー・ラムズデン（Anthony J. Lumsden, 1928-2011）　アメリカの建築家。作品に《ティルマン・ウォーター・リクラメーション・プラント》（1984）など。

エーロ・サーリネン（Eero Saarinen, 1910-1961）　フィンランド出身の建築家、プロダクト・デザイナー。アメリカで活躍。作品に《TWAターミナル・ビルディング》（1962）など。

プレンティス・アンド・チャン・オールハウゼン（Prentice & Chan, Ohlhausen）　彫刻家のティム・プレンティス（Tim Prentice）と建築家のロー・イー・チャン（Lo-Yi Chan）及びロルフ・オールハウゼン（Rolf Ohlhausen）により、1965年に設立された建築組織。

T・メリル・プレンティス（Tim Merill Prentice Jr., 1930-）　アメリカの建築家、彫刻家。作品に《ウェリントン・マネジメント会社》(1969) など。

ジョヴァンニ・パサネラ（Giovanni Pasanella, 1931-）アメリカの建築家。1965年から1968年までコロンビア大学の助教授を務めた。著書に『Giovanni Pasanella, architect I』(1972) など。作品に《ツイン・パークス》(1967) など。

スタンフォード・アンダーソン（Stanford Anderson）アメリカの建築史家。1991年から2004年までMITの学部長を務めた。著書に『Peter Behrens: A New Architecture for the Twentieth Century』(2000)。

ヘンリー・ミロン（Henry Millon, 1927-）　アメリカの建築史家。CASVA名誉館長。MITの客員教授を務めた。著書に『Baroque and Rococo Architecture』(1961)、『Key Monuments of the History of Architecture』(1964) など。

ロバート・スラツキー（Robert Slutzky, 1929-2005）アメリカの画家、建築評論家。論稿にコーリン・ロウと共著の「透明性―虚と実」(1963) など。

コールマン・マッキンネル事務所　1962年、ジェラルド・マイケル・コールマン（Gerhard Michael Kallmann, 1915-2012）とマイケル・マッキンネル（Michael McKinnell, 1935-）によって設立された建築設計事務所。

マイケル・マッキンネル（Michael McKinnell, 1935-）アメリカの建築家。作品に《ボストン市庁舎》(1962-69) など。

ジョン・ハグマン（John S. Hagmann, 1938-）　アメリカの建築家。1969年にロバート・スターン（Robert A. M. Stern, 1939-）とスターン＆ハグマンを設立。1977年以降はジョン・S・ハグマン・アーキテクツとして独立。作品に《建築家の事務所》(1973) など。

オスヴァルト・アルノルト・ゴットフリート・シュペングラー（Oswald Arnold Gottfried Spengler, 1880-1936）ドイツの哲学者、歴史学者。著書に『西洋の没落』(1918-1922 [批評社, 1926]) など。

ジョージ・ハウ（George Howe, 1886-1955）　アメリカの建築家。作品に《フィラデルフィア貯蓄銀行》(1931) など。

8.『a+u』の写真家たち

ポール・オゥーショル（Paul Warchol, 1954-）　アメリカの建築写真家。クーパー・ユニオンにおいて写真を学ぶ。イタリアの建築雑誌『DOMUS』1999年6月号のアメリカ文化特集において、表紙の写真を担当した。

アラステア・ハンター（Alastair Hunter）　アメリカの建築写真家。ジェームズ・スターリングの建築写真などにおいて知られる。1980年代後半に死去。

ジョン・ニコレ（John Nicolais）　アメリカの建築写真家。『a+u』において、ルイス・カーンやフィリップ・ジョンソンの建築写真を担当した。

アントニオ・マルチネッリ（Antonio Martinelli, 1953-）イタリアの写真家。ヴェネチア建築大学卒業。『パリ』(a+u 臨時増刊, 1990)、『ミラノ』(同、1991) を撮影。

フランチェスコ・ダル・コ（Francesco Dal Co, 1945-）イタリアの建築史家。ヴェネチア大学教授。著書に『近代建築』(マンフレッド・タフーリとの共著、1976 [本の友社, 2002]) など。カルロ・スカルパ、安藤忠雄などのモノグラフを出版。

カルロ・スカルパ（Carlo Scarpa, 1906-1978）　イタリアの建築家。作品に《カステルヴェッキオ美術館》改修(1956-1964)《ブリオン家墓地》(1969-1978) など。

マリオ・ボッタ（Mario Botta, 1943-）　スイスの建築家。作品に《ジャン・ティンゲリー美術館》(1996) など。

ジャン=ルイ・コーエン（Jean-Louis Cohen, 1949-）フランスの建築家、建築史家。著書に『Le Corbusier, la planète comme chantier』(2005) など。

モニック・エルブ（Monique Eleb）　フランスの心理学者、社会学者。著書に『Casablanca』(ジャン=ルイ・コーエンとの共著、2003) など。

セルジオ・ポラーノ（Sergio G Polano, 1950-）　イタリアの建築史家、美術史家。ヴェネチア建築大学などで教鞭を執った。著書に『イタリア建築：1945-1985』(フランチェスコ・ダル・コとの共著、a+u 臨時増刊, 1988)、『Achille Castiglioni: Complete Works』(2001) など。

ヘンリー・プラマー（Henry Plummer, 1946-）　建築家、写真家。ニューヨーク州立大学で美術史学を学ぶ。マサチューセッツ工科大学修士課程修了。1987年よりイリノイ大学で教鞭を執る。著書に『日本建築における光と影』(a+u 臨時増刊, 1995) など。

ルイ・デリュク（Louis Delluc, 1890-1924）　フランスの映画監督、脚本家。1937年に優れたフランス映画を表彰するためのルイ・デリュク賞が設立された。監督作品に『エルノアからの道』(1920)、『狂熱』(1921) など。

ジョージ・ケペッシュ（György Kepes, 1906-2001）ハンガリー出身の美術家、デザイナー。1937年渡米。1943年までシカゴ・デザイン研究所（ニュー・バウハウス）で光と色彩について講義。1947年、MITの建築科に招聘され、視覚デザインに関して教鞭を執った。著書に『造形と科学の新しい風景』（1956 [美術出版社、1966]）など。

ロロフ・ベニー（Roloff Beny, 1924-1984） カナダの写真家。著書に『Churches of Rome』（1981）など。

ローズ・マコーレー（Rose Macaulay, 1881-1958） イギリスの作家。著書に『危険な年齢』（1921 [中央公論社, 1942]）など。

ウィリアム・カーロス・ウィリアムズ（William Carlos Williams, 1883-1963） アメリカの詩人。詩集に『パタソン』（1946-1958 [沖積舎, 1988]）など。

工藤国雄（くどう・くにお, 1938-） 建築家。東京工業大学大学院修了後、ペンシルヴァニア大学に留学、ルイス・カーンに師事。名古屋工業大学で教鞭を執った後、ニューヨークに移住。コロンビア大学建築学部で教えつつ、建築設計活動を続ける。作品に《大木町総合福祉センター》（1998）など。

マイケル・モラン（Michael Moran, 1951-） アメリカの写真家。UCLA卒業。フランク・O・ゲーリーのスタジオ勤務後、ニューヨークを拠点に建築写真家として活動。『ニューヨーク』（a+u臨時増刊、1994）、『フィリップ・ジョンソンのガラスの家を透かし見る』（1998）にて、中村と協働。

アルフレッド・スティーグリッツ（Alfred Stieglitz, 1864-1946） アメリカの写真家。近代写真の発展に大きく貢献。作品に《三等船室》（1907）など。

ヤン・デリック（Jan Derwig, 1937-） オランダの建築写真家。著書に『Amsterdam School』（1991）など。

ピート・ブロム（Piet Blom, 1934-1999） オランダの建築家。作品に《キューブ・ハウス》（1974）など。

ヨー・コーネン（Jo Coenen, 1949-） オランダの建築家。作品に《オランダ建築家協会》（1993）など。

ヤン・フェルホーフェン（Jan Verhoeven, 1926-1994） オランダの建築家。オランダ構造主義作家のひとり。アムステルダム建築アカデミーにおいてアルド・ファン・アイクに師事。作品に《ホフデイク計画》（1981）など。

9. ガラスの家

吉田忠裕（よしだ・ただひろ、1947-） YKK及び

YKK AP会長。慶応義塾大学法学部卒業、ノースウエスタン大学ビジネススクール修了後、吉田工業（現・YKK）に入社。1990年にYKKアーキテクチュラルプロダクツ（現・YKK AP）を設立し、同社社長に就任。

デイヴィッド・ホイットニー（David Whitney, 1939-2005） アメリカのキュレーター、批評家。

フランツ・シュルツ（Franz Schulze, 1927-） アメリカの批評家。著書に『Mies van der Rohe: A Critical Biography』（1985）など。

丸山欣也（まるやま・きんや, 1939-） 建築家。早稲田大学理工学部建築学科卒業。同大学院修士課程修了後、スイスで建築設計事務所勤務。1968年にアトリエ・モビルを設立。象設計集団との共同作業においても知られる。作品に《今帰仁村中央公民館》（1975）など。

10. グロピウス邸からシンドラー邸へ

イセ・グロピウス（Ise Gropius, 1897-1983） ワルター・グロピウス夫人。

ワルター・アードルフ・ゲオルク・グロピウス（Walter Adolph Georg Gropius, 1883-1969） ドイツの建築家。教育機関「バウハウス」の創立者。作品に《ファッグスの靴工場》（1911）、《デッサウ・バウハウス校舎》（1925）など。

マルセル・ブロイヤー（Marcel Lajos Breuer, 1902-1981） ハンガリー出身の建築家、家具デザイナー。1920年代バウハウスで学ぶ。1930年代ナチスを逃れてロンドンへ渡り、グロピウスと共に建築事務所を始める。1941年に自身の事務所をニューヨークに開設。作品に《ワシリー・チェア》（1925）、《ホイットニー美術館》（1966）など。

ジョン・ジョハンセン（John MacLane Johansen, 1916-2012） アメリカの建築家。作品に《オクラホマ・シアター・センター》（1965-70）、《温室の家》（1976）など。

TAC（The Architects' Collaborative） 1945年にアメリカのマサチューセッツにおいて、ワルター・グロピウスを中心として結成された建築家集団。作品に《クラーク・アート・インスティテュート》（1973）。

高山正実（たかやま・まさみ、1933-） 建築家。早稲田大学、イリノイ工科大学卒業。ミース・ファン・デル・ローエに師事。シカゴSOM事務所で主任建築家を務めた。作品に《シアーズ・タワー（現・ウィリス・タワー）》（1970-1973）など。

パノス・クレモス (Panos Koulermos, 1933-1999) イギリスの建築家。1966年よりイリノイ大学、カリフォルニア大学、コーネル大学など、多くの大学で教鞭を執った。近代建築運動、建築計画などに関する論考を多く著した。

アーチボルド・クインシー・ジョーンズ (Archibald Quincy Jones, 1913-1979) アメリカの建築家。1951年から1967年まで南カリフォルニア大学の教授を務めた。南カリフォルニアを中心に多くの建築を残す。作品に《ジョーンズ・ハウス・アンド・スタジオ》(1938) など。作品集に『建築における統一美 (プロセスアーキテクチュア No.41)』(1983)。

ステファノ・ポリゾイデス (Stefanos Polyzoides, 1946-) ギリシャ出身の建築家。著書に『コートヤード・ハウジング』(1977 [住まいの図書館出版局 , 1996]) など。

ロジャー・シャーウッド (Roger Sherwood) アメリカの建築家。南カリフォルニア大学名誉教授。多世帯家族住宅の研究などで知られる。著書に『Modern Housing Prototypes』(1978) など。

フランク・ディムスター (Frank Dimster) ウィーン出身の建築家。アメリカで活躍。南カリフォルニア大学教授。ウィリアム・L・ペレイラ・アソシエイツの主任建築家としてアメリカ国内に多くの公共建築を手がけた。作品に《ヴィラ・オーロラ改修》(1996) など。

リチャード・ノイトラ (Richard Joseph Neutra, 1892-1970) ウィーン出身の建築家。アドルフ・ロース、オットー・ワーグナーに学ぶ。1923年渡米し、一時フランク・ロイド・ライトのもとで働く。作品に《カウフマン邸》(1946) など。

ルドルフ・シンドラー (Rudolf Michael Schindler, 1887-1953) オーストリア出身のアメリカの建築家。フランク・ロイド・ライトの事務所を経て独立。作品に《シンドラー自邸》(1922) など。

アーヴィング・ジル (Irving John Gill, 1870-1936) アメリカの建築家。作品に《ウォルター・ルーサー・ドッジの家》(1914-16) など。

ゾフィー・ポーリン・ギブリング・シンドラー (Sophie Pauline Gibling Schindler, 1893-1977) ルドルフ・シンドラー夫人。

マリアン・チェイス (Marian Chace, 1896-1970) アメリカのダンサー。ダンスセラピーの創始者。

ジョン・ケージ (John Milton Cage Jr., 1912-1992) アメリカの音楽家、作曲家。作品に《4分33秒》(1952)、《心像風景第5番》(1952) など。

エスター・マッコイ (Esther McCoy, 1904-1989) アメリカの建築史家。著書に『Case Study Houses 1945-1962』(1977) など。

レイナー・バンハム (Peter Reyner Banham, 1922-1988) イギリスの建築評論家。著書に『第一機械時代の理論とデザイン』(1960 [鹿島出版会 , 1976])、『環境としての建築』(1969 [鹿島出版会 , 1981]) など。

デイヴィッド・ゲバード (David Gebhard, 1927-1996) アメリカの建築史家。著書に『ルドルフ・シンドラー』(1972 [鹿島出版会 , 1999]) など。

ヘルマン・ヘルツベルハー (Herman Hertzberger, 1932-) オランダの建築家。作品に《セントラル・ベヘーア》(1972) など。

ヤコブ・バケマ (Jacob Berend Bakema, 1914-1981) オランダの建築家、都市計画家。作品に《ロッテルダム中央図書館》(1983) など。

ディオーネ・ノイトラ (Dione Niedermann Neutra, 1901-1990) リチャード・ノイトラ夫人。ノイトラの手紙と日記を公刊。

11. アンビルト・アーキテクトたち

アリソン・スカイ (Alison Sky, 1946-) アメリカの彫刻家。デザイン組織 SITE 代表。共著に『幻のアメリカ建築』(1976 [集英社 , 1981])。

ミシェル・ストーン (Michelle Stone, 1944-) 1968年から1997年まで SITE に所属。著書に『幻のアメリカ建築』(アリソン・スカイとの共著、1976 [集英社 , 1981])。

ジェイムズ・ワインズ (James Wines, 1932-) アメリカの芸術家。著書に『デ・アーキテクチュア』(1987 [鹿島出版会 , 1992]) など。

エミリオ・スーザ (Emilio Sousa, 1944-) 1972年から1982年まで SITE に所属。

芦原義信 (あしはら・よしのぶ、1918-2003) 建築家。東京帝国大学工学部建築学科卒業。1956年に芦原義信建築設計研究所 (現・芦原建築設計研究所) を設立。法政大学教授、武蔵野美術大学教授、東京大学教授を歴任。著書に『街並みの美学』(岩波書店、1979) など。作品に《ソニービル》(1966)、《東京芸術劇場》(1990) など。

安藤忠雄 (あんどう・ただお、1941-) 建築家。高

校卒業後、設計事務所でのアルバイトを経て、独学で建築を学ぶ。1969年に安藤忠雄建築研究所設立。東京大学特別栄誉教授。作品に《住吉の長屋》(1976)、《光の教会》(1989) など。

ライムンド・アブラハム (Raimund Abraham, 1933-2010) オーストリアの建築家。作品に《オーストリア文化研究所》(2002) など。

ジョン・ホークス (John Hawkes, 1925-1998) アメリカの作家。著書に『もうひとつの肌』(1964[国書刊行会, 1983]) など。

デーヴィッド・シャピロ (David Shapiro, 1947-) アメリカの詩人、批評家、美術批評家。クーパー・ユニオンにて文学および詩の教授を務めた。同大学においてジョン・ヘイダックと親交があった。著書に『Jasper Johns Abrams』(1984) など。

アンドレ・ポール・ギヨーム・ジイド (André Paul Guillaume Gide, 1869-1951) フランスの小説家。1947年、ノーベル文学賞受賞。著書に『狭き門』(1909[新潮社, 1923]) など。

レベウス・ウッズ (Lebbeus Woods, 1940-2012) アメリカの建築家、芸術家。著書に『レベウス・ウッズ：テラ・ノヴァ 1988-1991』(a+u 臨時増刊, 1991) など。

アレクサンドラ・ワグナー (Aleksandra Wagner) アメリカの精神分析学者。ニュースクール大学教授。レベウス・ウッズの未亡人。(彼女は美人で、当時、ハンター・カレッジ[ニューヨーク市立大学]大学院で心理学を学んでいた。中村)

ロバート・ジェイ・リフトン (Robert Jay Lifton, 1926-) アメリカの精神科医。著書に『ヒロシマを生き抜く:精神史的考察』(1968[岩波書店, 2009]) など。

12. ロサンゼルスの建築家たち ─────

ジェームズ・ポルシェック (James Polshek, 1930-) アメリカの建築家。作品に《地球宇宙ローズセンター》(2000) など。

バーナード・チュミ (Bernard Tschumi, 1944-) スイス出身の建築家、都市計画家。コロンビア大学教授。作品に《ラ・ヴィレット公園》(1982) など。

カルロ・アイモニーノ (Carlo Aymonino, 1926-2010) イタリアの建築家、都市計画家。作品に《ガララテーゼ集合住宅》(1970、アルド・ロッシと協働) など。

ジャン・コクトー (Jean Cocteau, 1889-1963) フランスの芸術家、詩人・小説家、評論家。著書に『恐るべき子供たち』(1929[三笠書房, 1954]) など。

グルーエン事務所 オーストリア出身の建築家、ビクター・デビッド・グルーエン (Victor David Gruen, 1903-1980) の事務所。

ダニエル・マン・ジョンソン & メンデンホール社 (Daniel, Mann, Johnson & Mendenhall, DMJM) フィリップ・ダニエル、アーサー・マン、ケネス・ジョンソン、アーヴァン・メンデンホール、リチャード・ニューマンを中心に 1946 年に結成。

チャールズ・ジェンクス (Charles Alexander Jencks, 1939-) アメリカの建築家、評論家、ランドスケープアーキテクト。著書に『ポスト・モダニズムの建築言語』(a+u 臨時増刊、1978) など。

ミン・フン (Hsin-Ming Fung, 1953-) ベトナム出身の建築家。1984年よりクレイグ・ハジェッツと共にハジェッツ&フンを設立。作品に《パウエル図書館》(1992) など。

カーター・ブラウン (John Carter Brown III, 1934-2002) ナショナル・ギャラリー名誉館長。1969年から1992年まで同館の館長を務めた。在任中に、マヤ・リン設計《ベトナム戦争戦没者慰霊碑》を承認。

レンゾ・ピアノ (Renzo Piano, 1937-) イタリアの建築家。作品に《ポンピドゥー・センター》(リチャード・ロジャースと共同、1977)、《関西国際空港旅客ターミナルビル》(1994) など。

13. アルフレッド・ロート教授とチューリッヒ 1 ─────

アルフレッド・ロート (Alfred Roth, 1903-1998) スイスの建築家。著書に『回想のパイオニア』(1973[新建築社, 1976]) など。

シャルロット・ペリアン (Charlotte Perriand, 1903-1999) フランスの建築家、デザイナー。作品に《スイス学生会館内装》(1933)、《リフレッソ キャビネット》(1939) など。

J・M・リチャーズ (James Maude Richards, 1907-1992) イギリスの建築ライター。著書に『反合理主義者たち』(1973[鹿島出版会, 1976]) など。

アールネ・エルヴィ (Aarne Ervi, 1910-1977) フィンランドの建築家。作品に《タピオラ・ガーデンシティ》(1950-)。

ヨーゼフ・ホフマン (Josef Franz Maria Hoffmann, 1870-1956) オーストリアの建築家。ウィーン分離派の中心的メンバー。1903年、コロマン・モーザー

（Koloman Moser, 1868-1918）と共にウィーン工房を設立。作品に《ストックレー邸》（1905-1911）など。

オーギュスト・ペレ（Auguste Perret, 1874-1854）　ベルギー出身の建築家。フランスで活躍。「コンクリートの父」と呼ばれる。作品に《ノートル・ダム・デュ・ランシー》（1923）など。

アンリ・ヴァン・デ・ヴェルデ（Henry van de Velde, 1863-1957）　ベルギーの建築家。アールヌーヴォーを代表する作家。ドイツ工作連盟に参加。作品に《クレラー・ミュラー美術館》（1938）など。

マックス・ビル（Max Bill, 1908-1994）　スイス出身の画家、彫刻家、建築家、工業デザイナー。作品に《ウルムスツール》（1954）など。

ベルンハルト・ヘースリ（Bernhard Hoesli, 1923-1984）　スイスの建築家。元 ETHZ 教授。1951年にテキサス大学建築学科に教員として所属。テキサス・レンジャーのメンバー。コーリン・ロウやジョン・ヘイダックと親交を深めた。

マルティン・シュタインマン（Martin Steinmann, 1942-）　スイスの建築家。1968年より ETH 建築史・建築理論研究所に所属。1980-1986年、『アルキテーゼ』の編集長を務めた。著書に『CIAM: Dokumente 1928-1939』（1979）など。

ピエール・ジャンヌレ（Pierre Jeanneret, 1896-1967）　スイスの建築家。ル・コルビュジエの従兄弟。作品に《ガンディー・バワン》（1966）など。

コーネリアス・ファン・エーステレン（Cornelius van Eesteren, 1897-1988）　オランダの都市計画家、建築家。アムステルダム総合拡張計画に従事。

ホセ・ルイ・セルト（Josep Lluís Sert i López, 1902-1983）　スペインの建築家。作品に《ミロ美術館》（1975）など。

ウェルナー・モーザー（Werner Max Moser, 1896-1970）　スイスの建築家。作品に《インド工科大学カラグプル校舎》（1950）など。

フェルナン・レジェ（Fernand Léger, 1881-1955）　フランスの画家。作品に《森の裸体》（1909-10）など。

ラスロー・モホリ=ナギ（László Moholy-Nagy, 1895-1946）　ハンガリー出身の写真家、画家。1923年よりバウハウスの教授を務めた。著書に『絵画・写真・映画』（1924［中央公論美術出版 , 1993]）など。

フーゴー・ヘーリング（Hugo Häring, 1882-1958）　ド

イツの建築家。作品に《ガルカウ農場》（1922-24）など。

スタニスラウス・フォン・ムース（Stanislaus von Moos, 1940-）　スイスの建築史家。著書に『ル・コルビュジエの生涯：建築とその神話』（1968［彰国社 , 1981]）など。

カローラ・ギーディオン・ヴェルカー（Carola Giedion Welcker, 1893-1979）　ドイツ出身の美術史家。著書に『パウル・クレー』（1961 [PARCO出版 , 1994]）など。

アドルフ・マックス・フォークト（Adolf Max Vogt, 1920-2013）　スイスの美術史家、建築評論家。著書に『19世紀の美術』（1971［グラフィック社 , 1978]）など。

エレーヌ・ド・マンドロ（Hélène de Mandrot, 1867-1948）　スイス出身の芸術家、パトロン。CIAM の第一回会議の開催場所となったラ・サラ城の所有者。

ウリヤ・フォークト=ギョクニル（Ulya Vogt-Göknil, 1921-）　トルコの美術史家。著書に『トルコ』（1965［美術出版社 , 1967]）、『Living architecture: Ottoman』（1966）など。

ハンス・ギルスベルガー（Hans Girsberger, 1898-1982）　スイスの美術史家。著書に『Le Corbusier, 1910-65』（1967）など。

ベルンハルト・ハンス・ヘンリー・シャローン（Bernhard Hans Henry Scharoun, 1893-1972）　ドイツの建築家。作品に《ベルリン・フィルハーモニー》（1963）など。

ブルーノ・タウト（Bruno Julius Florian Taut, 1880-1938）　ドイツ出身の建築家。著書に『アルプス建築』（1919［育生社弘道閣 , 1944]）、『ニッポン ヨーロッパ人の眼で見た』（明治書房、1934）、『日本美の再発見建築学的考察』（岩波書店、1939）など。作品に《ガラスの家》（1914）。

14. アルフレッド・ロート教授とチューリッヒ 2 ────

ジュリアン・デュヴィヴィエ（Julien Duvivier, 1896-1967）　フランスの映画監督、脚本家、俳優。作品に『望郷』『舞踏会の手帖』（1937）など。

ロルフ・ゲントナー（Ralph Gentner, 1932-）　スイスの建築家。「アトリエ5」メンバー。

パウル・クレー（Paul Klee, 1879-1940）　スイスの画家。バウハウス教員。作品に《花ひらく木をめぐる抽象》（1925）など。

ハイジ・ウェーバー（Heidi Weber）　スイスの美術品収集家。コルビュジエ・デザインの家具を商品化した

ことで知られる。

オーレリオ・ガルフェッティ（Aurelio Galfetti, 1936-）
スイス出身の建築家。作品に《ロタリンティ邸》（1961）
など。

マリオ・カンピ（Mario Campi, 1936-2011）　スイス出身の建築家。1962年よりフランコ・ベッシーナ、ニキ・ピアッツォーリと共同アトリエ。作品に《フィリッピーニ邸》（1970）など。

ブルーノ・ライヒリン（Bruno Reichlin, 1941-）　スイスの建築家。作品に《トニーニ邸》（1974）など。

ファビオ・ラインハルト（Fabio Reinhart, 1942-）　スイスの建築家。作品に《リヴォラ邸》（1976）など。

ドルフ・シュネブリ（Dolf Schnebli, 1928-2009）　スイスの建築家。作品に《リカルノの幼稚園》（1960-63）など。

リヴィオ・ヴァッキーニ（Livio Vacchini, 1933-2007）
スイスの建築家。作品に《家族の家》（1983-1984）、
《ブラマンティノ通りのアトリエ》（1985）など。

アルド・ファン・アイク（Aldo Van Eyck, 1918-1999）
オランダの建築家、都市計画家。オランダ構造主義建築の中心人物。作品に《子どもの家》（1960）など。

アントニオ・クロチ（Antonio Croci, 1823-1884）　スイスの建築家。1837年から1845年までミラノのブレラ国立美術アカデミーに通った。作品に《カサ・クロチ》（1938）など。

15. アルド・ロッシのこと ─────────

ヴィットリオ・グレゴッティ（Vittorio Gregotti, 1927-）
イタリアの建築家。ミラノ工科大学、パレルモ大学、ヴェネチア大学教授を歴任。1974年に設計事務所（Gregotti Associati）を設立。

松井宏方（まつい・ひろみち, 1931-）　建築家。東京藝術大学美術学部建築科卒業、剣持勇デザイン研究所を経て、イタリア・パレルモ大学建築学部卒業。ヴィットリオ・グレゴッティ事務所創立メンバー。作品に《ZEN パレルモ団地》（1969）など。

クラウディオ・マネリ（Claudio Maneri, 1948-）　イタリアの建築家。ミラノ工科大学卒業後、アルド・ロッシに師事。著書に『Ciao papi: dialoghi con l'altra dimensione』（2006）など。

ジャンニ・ブラギエッリ（Gianni Braghieri, 1945-）　イタリアの建築家。著書に『Aldo Rossi: Due progetti』

（CLUEB, 2010）など。

エルンスト・ギーゼル（Ernst Gisel, 1922-）　スイスの建築家。作品に《シュタットヴェルケ》（1990）など。

相田武文（あいだ・たけふみ, 1937-）　建築家。早稲田大学大学院博士課程修了後、1967年に相田武文都市建築研究所を設立。芝浦工業大学名誉教授。作品に《積木の家》シリーズ（1979-）など。

ジョン・アシュベリー（John Ashbery, 1927-）　アメリカの詩人。作品に『Portrait in the Convex Mirror』（1975）など。

ジェイ・フェロウズ（Jay Fellows, 1940-1990）　アメリカの詩人、批評家。著書に『Ruskin's Maze: Mastery and Madness in His Art』（1981）など。

ロバート・フリーマン（Robert Freeman, 1936-）　イギリスの写真家。ビートルズのジャケット写真などを撮影したことで知られる。

ジョーゼフ・リクワート（Joseph Rykwert, 1926-）
ポーランド出身の建築家、建築史家。ペンシルヴァニア大学などで教鞭を執る。著書に『アダムの家』（1972［鹿島出版会, 1995]）、『〈まち〉のイデア──ローマと古代世界と都市の形の人間学』（1963［みすず書房, 1991]）など。

ジャン・ニコラ・ルイ・デュラン（Jean-Nicolas-Louis Durand, 1760-1834）　フランスの作家、建築家。著書に『デュラン比較建築図集』（1800［玲風書房, 1996]）など。

マリオ・ベリーニ（Mario Bellini, 1935-）　イタリアの建築家、デザイナー。建築作品に《ヴィラ・エルバ展示会議場》（1990）、家具に《キャブチェア》（1977）など。

ヴィットリオ・マニャーゴ・ランプニャーニ（Vittorio Magnago Lampugnani, 1951-）　イタリアの建築家、建築史家、建築評論家。ETHZ教授。著書に『Architektur als Kultur』（1986）、『世界の美術館』（1999［TOTO出版, 2004]）など。

16. ミラノ・コモ・アスコナ ─────────

グイド・カネラ（Guido Canella, 1931-2009）　イタリアの建築家。作品に《セグラーテのタウン・ホール》（1968）など。

ルチアーノ・バルデッサーリ（Luciano Baldessari）（1896-1982）　イタリアの建築家。グルッポ7などのイタリア合理主義建築運動に関わった。戦後、第9回ミラノ・トリエンナーレにおいてはルーチョ・フォンタナ

（Lucio Fontana, 1899-1968）との共同作品《ネオン・アラベスク》(1951) を発表。

ジュゼッペ・テラーニ（Giuseppe Terragni, 1904-1943）イタリアの合理主義建築を代表する建築家。作品に《カサ・デル・ファッショ》(1936) など。

マックス・ラインハルト（Max Reinhardt, 1873-1943）オーストリア出身の演出家。1920年代のベルリン、亡命先のアメリカで活躍。シェイクスピアの『真夏の夜の夢』の映画化 (1936) なども手がけた。

エルヴィン・ピスカートール（Erwin Friedrich Max Piscator, 1893-1966）ドイツの演出家。ワルター・グロピウスの計画案《全体劇場》(1927) はピスカートールのために提案された。

リチャード・エトリン（Richard A. Etlin）アメリカの建築史家。著書に『Symbolic Space』(1994) など。

デニス・ドーダン（Dennis P. Doordan）アメリカの建築史家。著書に『Twentieth-Century Architecture』(2002) など。

エミール・ファーレンカンプ（Emil Fahrenkamp, 1885-1966）ドイツの建築家。作品に《シェルハウス》(1930-32) など。

上山安敏（うえやま・やすとし、1925-）法学者。専門は西洋法制史など。京都大学法学部卒業。京都大学名誉教授。著書に『世紀末ドイツの若者』（講談社、1994）など。

マーティン・グリーン（Martin Burgess Green, 1927-2010）イギリスの作家。著書に『ロビンソン・クルーソー物語』(1991 [みすず書房, 1993]) など。

ピョートル・アレクセイヴィチ・クロポトキン（Пётр Алексéевич Кропóткин, Pjotr Aljeksjejevich Kropotkin, 1842-1921）ロシアの革命家、思想家、生物学者。著書に『相互扶助論』(1902 [青陽堂, 1917]) など。

ミハイル・アレクサンドロヴィチ・バクーニン（Михаил Александрович Бакýнин, Mikhail Alexandrovich Bakunin, 1814-1876）ロシアの思想家、哲学者、革命家。著書に『神と国家』(1882 [アテネ書院, 1926]) など。

アンリ・エダンコヴァン（Henry Oedenkoven, 1875-1935）ベルギー出身で、モンテ・ヴェリタの創設者。

ヘルマン・ヘッセ（Hermann Hesse, 1877-1962）ドイツの作家。1946年、ノーベル文学賞受賞。著書に

『シッダールタ』(1922 [顕真学苑出版部, 1930]) など。

カール・ユング（Carl Gustav Jung, 1875-1961）スイスの精神科医、心理学者。著書に『心理学と錬金術』(1944 [人文書院, 1976]) など。

フーゴ・バル（Hugo Ball, 1886-1927）ドイツの作家、芸術家。ダダの創始者のひとり。著書に『時代からの逃走』(1927 [みすず書房, 1975]) など。

シュテファン・ゲオルゲ（Stefan Anton George, 1868-1933）ドイツの詩人。著書に『魂の四季』(1897 [東洋出版, 1993]) など。

イサドラ・ダンカン（Isadora Duncan, 1878-1927）アメリカのダンサー。モダンダンスの祖とされる。

ルドルフ・シュタイナー（Rudolf Steiner, 1861-1925）オーストリアの哲学者。ゲーテ研究家としても知られる。著書に『神秘学概論』(1909 [人智学出版社, 1982]) など。

マックス・ウエバー（Max Weber, 1864-1920）ドイツの社会学者、経済学者。著書に『プロテスタンティズムの倫理と資本主義の精神』(1905 [有斐閣, 1938]) など。

ヴァルター・ジーゲル（Walter Segal, 1907-1985）スイスの建築家。AA スクールを卒業。伝統的なティンバーフレーム工法を現代的な材料に応用するセルフ・ビルド・システムを追求した。作品に《カサ・ピコラ》(1932)、《セント・アンネズ・クロース》(1952) など。

ダフネ・デュ・モーリア（Daphne du Maurier, 1907-1989）イギリスの小説家。著書に『レベッカ』(1938 [三笠書房, 1939]) など。

フリードリヒ・シャルル・グラウザー（Friedrich Charles Glauser, 1896-1938）オーストリア出身の作家。スイスで活躍。著書に『狂気の王国』(1936 [作品社, 1998]) など。

17. すべての建築がホラインである ─────

マデレーン・ジェネヴァイン（1940-2009）ハンス・ホラインの秘書。ホライン夫人ヘレンの実姉。

ヘレン・ホライン（Helene Hollein, 1944-1997）ハンス・ホライン夫人。

ヘルマン・チェッヒ（Hermann Czech, 1936-）オーストリアの建築家。コンラッド・ワックスマンやエルンスト・プリシケに学ぶ。ウィーン美術アカデミー教授。作品に《クライネス・カフェ》(1970) など。

シュテファン・ツヴァイク（Stefan Zweig, 1881-1942）オーストリアの作家、評論家。著書に『マリー・アントワネット』（1933［岩波書店、1952-1953]）など。

ヴァルター・ピッヒラー（Walter Pichler, 1936-2012）オーストリアの彫刻家、建築家。ハンス・ホラインと共に制作活動を行う。作品に《透明ヘルメット》（1967）など。

マックス・パイントナー（Max Peintner, 1937-）オーストリアの画家、建築家。ウィーン工芸大学で建築を学ぶ。著書に『Sechs Beitrage zur Zukunft（6つの未来への貢献）』（1969）など。

ハインツ・ゲレツェガー（Heinz Geretsegger, 1935-）オーストリアの建築家。ウィーン美術工芸大学卒業。ウィーンに事務所を開設。著書に『オットー・ワーグナー　ウィーン世紀末から近代へ』（1964［鹿島出版会, 1984]）など。

グスタフ・パイヒル（Gustav Peichl, 1928-）オーストリアの建築家。作品に《ORF放送局》（1969-82)など。

カール・E・ショースキー（Carl Emil Schorske, 1915）アメリカの歴史家。著書に『世紀末ウィーン：政治と文化』（1980）など。

マギー・ケジック・ジェンクス（Maggie Keswick Jencks, 1941-1995）イギリスのランド・スケープ・デザイナー。チャールズ・ジェンクス夫人。自身のがん治療の体験を元に、死去する直前がん患者支援施設マギーズ・センターを設立。著書に『The Chinese Garden: History, Art and Architecture』（1978)など。

オスワルド・マティアス・ウンガース（Oswald Mathias Ungers, 1926-2007）ドイツの建築家。作品に《フランクフルト見本市会場ビル》（1983-84）など。

パオロ・ポルトゲージ（Paolo Portoghesi, 1931-）イタリアの建築家。ミラノ工科大学建築学部長。バロック建築の研究など歴史家としても知られる。作品に《バルディ邸》（1959）など。

ジャン・エチエンヌ・リオタール（Jean-Étienne Liotard, 1702-1789）スイス出身の画家。作品に《チョコレートを運ぶ娘》（1744）など。

18. ウィーンで会った建築家たち

アンテ・ヨゼフ・フォン・コステラック（Ante Josip von Kostelac, 1937-）クロアチア出身の建築家。ドイツで活躍。作品に《ユダヤ博物館》（1989）など。（コステラックの自宅には、何人もの人たちが訪れ、磯崎新さんも立ち寄った。中村）

ヨハンネス・シュパルト（Johannes Spalt, 1920-2010）オーストリアの建築家。ウィーン美術アカデミー卒業。1973年から1990年までウィーン応用美術大学の教授を務めた。作品に《ジーバット・アルトミュンスター》（1947）など。

ロブ・クリエ（Rob Krier, 1938-）ルクセンブルクの彫刻家、建築家、都市計画家。著書に『ロブ・クリエの都市と建築のタイポロジー』（a+u臨時増刊、1980）など。

ギュンター・ドメニク（Günther Domenig, 1934-2012）オーストリアの建築家。作品に《ウィーン中央銀行ファヴォリーテン支店》（1979）など。

ヴィルヘルム・ホルツバウアー（Wilhelm Holzbauer, 1930-）オーストリアの建築家。作品に《ガソメーター》（1999-2001）など。

ギュンター・フォイエルシュタイン（Günther Feuerstein, 1925-）オーストリアの建築家。

カミロ・ジッテ（Camillo Sitte, 1843-1903）オーストリアの建築家、都市計画家。著書に『広場の造形』（1889［鹿島出版会, 1983]）など。

ペーター・アルテンベルク（Peter Altenberg, 1859-1919）オーストリアの作家。著書に『私の見るままに（Wie ich es sehe)』（1896）など。

テオフィール・フォン・ハンゼン（Theophil von Hansen, 1813-1891）デンマークの建築家。作品に《国会議事堂》（1883）など。

ヴォルフ・プリックス（Wolf D. Prix, 1942-）オーストリアの建築家。ヘルムート・シュヴィチンスキーと共にコープ・ヒンメルブラウを設立。作品に《BMWウェルト》（2006）など。

ヘルムート・シュヴィチンスキー（Helmut Swiczinsky, 1944-）オーストリアの建築家。ヴォルフ・プリックスと共にコープ・ヒンメルブラウを設立。作品に《BMWウェルト》（2006）など。

ペーター・ノエヴァ（Peter Noever, 1941-）オーストリアのデザイナー。1986年から2011年までオーストリア応用美術博物館の館長を務めた。

ヘルベルト・フォン・カラヤン（Herbert von Karajan, 1908-1989）オーストリアの指揮者。1955年から1989年までベルリン・フィルハーモニー管弦楽団の終身指揮者、芸術監督を務めた。

ハインツ・テーザー（Heinz Tesar, 1939-）オーストリ

アの建築家。作品に《ケルト史博物館》(1991-94)など。

エドワルド・フエーバー(Eduard Hueber, 1948-) ウィーン出身の建築写真家。ETHZ において建築を学び、1989年よりニューヨークにおいて自身の建築写真事務所を開設した。著書に『Mario Campi, Franco Pessina, Architects』(ケネス・フランプトン、ウェルナー・セリグマン、ホルヘ・シルヴェティとの共著、1987) など。

カール・クラウス(Karl Kraus, 1874-1936) オーストリアの批評家。自身が編集する雑誌『Die Fackel』において文明批評を行った。著書に『モラルと犯罪』(1908 [法政大学出版局 , 1970]) など。

ザハ・ハディド(Zaha Hadid, 1950-) イラク出身の建築家。作品に《BMWセンター》(2005) など。

スティーヴン・ホール(Steven Holl, 1947-) アメリカの建築家。作品に《ヘルシンキ現代美術館》(1998) など。

ニコラス・グリムショウ(Nicholas Grimshaw, 1939-) イギリスの建築家。作品に《ウォータールー国際駅》(1993) など。

エヴァ・ジリクナ(Eva Jiricna, 1939-) チェコの建築家。作品に《ジョアン&デイヴィッド》(1994) など。

マルガレーテ・シュッテ=リホツキー(Margarete Schütte-Lihotzky, 1897-2000) オーストリアの建築家。フランクフルト・キッチンの創始者としても知られる。作品に《ウィーン工作連盟ジードルング》(1932) など。

ハインリヒ・テッセノウ(Heinrich Tessenow, 1876-1950) ドイツの建築家。作品に《ガルテンシュタット・ファルケンベルク》(1913-1916) など。

オスカー・シュトルンド(Oskar Strnad, 1879-1935) オーストリアの建築家。1909年から1935年までウィーン工芸学校の教授を務めた。

ヨハン・ゲオルク・クトイ(Johann Georg Gsteu, 1927-2013) オーストリアの建築家。

チャールズ・コレア(Charles Correa, 1930-2015) インドの建築家、都市計画家。ボンベイ大学卒業後渡米し、ミシガン大学やマサチューセッツ工科大学で学ぶ。インド諸都市の環境問題や低価格の集合住宅の設計に取り組んだ。作品に《ジャワハル美術館》(1986-1991) など。

ハリー・サイドラー(Harry Seidler, 1923-2006) オーストラリアの建築家。作品に《ブルース・ポイント・タワー》(1961) など。

19. ル・コルビュジエをめぐる人々

ヘンリー=ラッセル・ヒッチコック(Henry-Russell Hitchcock, 1903-1987) アメリカの建築史家。著書に『インターナショナル・スタイル』(フィリップ・ジョンソンとの共著、1932 [鹿島出版会 , 1978]) など。

ジャック・リプシッツ(Jacques Lipchitz, 1891-1973) リトアニア出身の彫刻家。作品に《ギターを持つ水夫》(1914-15) など。

シルヴィオ・カッサーラ(Silvio Cassara, 1947-) イタリアの建築家。ボローニャ大学教授。著書に『Richard Meier: progetti recenti』(2004) など。

ジュリアーノ・グレスレッリ(Giuliano Gresleri, 1938-) イタリアの建築家。ボローニャ大学教授。ボローニャにおけるレスプリ・ヌーヴォー館レプリカの建設に協力した。著書に『L'esprit nouveau: Le Corbusier, costruzione e ricostruzione di un prototipo dell'architettura moderna』(1979) など。

レオナルド・ベネーヴォロ(Leonardo Benevolo, 1923-) イタリアの建築史家、建築家、都市計画家。著書に『近代都市計画の起源』(1971 [鹿島出版会 , 1976]) など。

小川泰佑(おがわ・たいすけ, 1941-) 建築写真家。新建築写真部に所属。日本建築写真家協会代表。

三宅理一(みやけ・りいち, 1948-) 建築史家。東京大学大学院工学系研究科修了後、パリ・エコール・デ・ボザールを経て、東京大学大学院工学系研究科博士課程修了。藤女子大学教授。著書に『パリのグランド・デザイン』(中央公論新社、2010)、『エピキュリアンたちの首都』(學藝書林、1989) など。

アンドレ・ボーシャン(Andre Bauchant, 1873-1958) フランスの画家。作品に《婚約者の紹介》(1929) など。

ジョルジュ・ブラック(Georges Braque, 1882-1963) フランスの画家。作品に《ヴァイオリンとパレット》(1909) など。

フアン・グリス(Juan Gris, 1887-1927) スペイン出身の画家。フランスで活躍。作品に《朝食》(1915) など。

フェルナンド・モンテス(Fernando Montes, 1941-) チリ出身のフランスの建築家。古典的モチーフを多用したデザインで知られる。作品に《グレシネ観光センター》(1981) など。

ピエール・シャロー(Pierre Chareau, 1883-1950) フランスの家具デザイナー、建築家。建築の作品に《ガ

ラスの家》(1931) など。

明石信道（あかし・しんどう、1901-1986）　建築家。早稲田大学理工学部建築学科卒業後、設計事務所を開設。早稲田大学名誉教授。著書に『フランク・ロイド・ライトの帝国ホテル』（鹿島研究所出版会、1968）など。作品に《安与ビル》(1969) など。

アンドレ・ヴォジャンスキー（André Wogenscky, 1916-2004）　フランスの建築家。1936-1956年、コルビュジエの事務所に勤務し、《ユニテ・ダビタシオン》(1952) などを設計。

マルタ・パン（Marta Pan, 1923-2008）　フランスの彫刻家。作品に《浮かぶ彫刻》(1969) など。

オリオル・ボヒガス（Oriol Bohigas i Guardiola, 1925-）　スペインの建築家。1980年から1984年までバルセロナの都市計画局長を務めた。

アドリアン・フェンシルベール（Adrien Fainsilber, 1932-）　フランスの建築家。作品に《ラ・ヴィレット科学・産業都市博物館》(1986) など。

フランカ・サンティ（Franca Santi Gualteri）　イタリアの編集者。1954年からインダストリアルデザイン誌『Stile Insutria』を編集。1963年からは、建築、インテリア雑誌『Abitare』で副編集長を務めた。

ジャック・リュカン（Jacques Lucan, 1947-）　フランスの建築家、評論家。著書に『ル・コルビュジエ事典』(1988 [中央公論美術出版, 2007]) など。

ドミニク・ブデ（Dominique Boudet）　フランスの編集者。フランスの建築雑誌『モニテュール』『AMC』の編集長を務めた。

エリザベス・アラン=デュプレ（Elisabeth Allain-Dupré, 1943-2012）　フランスの編集者。『モニテュール』『AMC』などの編集を務めた。

イヴ・リオン（Yves Lion, 1945-）　フランスの建築家。作品に《ベイルートのフランス大使館》(2003) など。

ジャン・ヌーヴェル（Jean Nouvel, 1945-）　フランスの建築家。作品に《アラブ世界研究所》(1987) など。

ドミニク・ペロー（Dominique Perrault, 1953-）　フランスの建築家、都市計画家。作品に《フランス国立図書館》(1994) など。

ウェンディ・フォスター（Wendy Foster, ?-1989）　イギリスの建築家。ノーマン・フォスター（Norman Foster, 1935-）らと共にチーム4を設立。旧姓はチー

ズマン（Cheesman）。

ヘルツォーク & ド・ムーロン（Herzog & de Meuron）　ジャック・ヘルツォーク（Jacques Herzog, 1950-）とピエール・ド・ムーロン（Pierre de Meuron, 1950-）の二人による建築ユニット。作品に《テートモダン》(2000) など。

マティアス・グリューネヴァルト（Matthias Grünewald, 1470?-1528）　ドイツの画家。末期ゴシックの画家に位置付けられる。作品に《イーゼンハイム祭壇画》(1511-1515) など。

20. ロンドンの建築家たち

広瀬鎌二（ひろせ・けんじ、1922-2012）　建築家。武蔵高等工科学校卒業後、村田政真事務所を経て、1952年に広瀬鎌二建築技術研究所を設立。武蔵工業大学大学名誉教授。著書に『伝統のディテール』（彰国社、1972）など。作品に住宅《SH》シリーズなど。

チームX（Team 10）　アリソン&ピーター・スミッソン夫妻を中心とする若い世代の建築家グループ。第9回近代建築国際会議 CIAM (1953) において結成。

リチャード・ロジャース（Richard George Rogers, 1933-）　イギリスの建築家。作品に《ポンピドゥー・センター》（レンゾ・ピアノと共同、1977）、《ミレニアム・ドーム》(1999) など。

スー・ブランウェル（Su Brumwell）　イギリスの建築家。リチャード・ロジャース夫人。ノーマン・フォスター（Norman Foster, 1935-）らと共にチーム4を設立。

クリスチーヌ・ホーレイ（Christine Hawley, 1949-）　イギリスの建築家。ロンドン大学バートレット建築校の教授。1975年、ピーター・クックと共にクック・アンド・ホーレイを設立。

ピーター・ウィルソン（Peter L. Wilson, 1959-）　オーストラリアの建築家。ジュリア・ボールス・ウィルソンと共にボールス+ウィルソンを設立。作品に《テクノロジー・センター》(1993) など。

トム・ヘネガン（Tom Heneghan, 1951-）　イギリス出身の建築家。東京藝術大学教授。作品に《熊本県草地畜産研究所》(1990) など。

ナイジェル・コーツ（Nigel Coates, 1949-）　イギリスの建築家。作品に《ノアの方舟》(1988) など。

ロン・ヘロン（Ron Herron, 1930-1994）　イギリスの建築家。アーキグラムのメンバー。《ウォーキングシティ》(1964) などを提案。

ジェイムズ・ガワン（James Gowan, 1928-）　イギリス
の建築家。ジェイムズ・スターリングと共同で多くの建
築を設計。作品に《ハム・コモン》（1958）など。

フィリップ・ダウソン（Philip Dowson, 1924-）　イギリ
スの建築家。1963年から1969年までアロブ・アソシ
エイツにその中心的存在として所属。

デニス・ラスダン（Sir Denys Louis Lasdun, 1914-
2001）　イギリスの建築家。作品に《ロイヤル・ナショ
ナル・シアター》（1976）など。

マイケル・ホプキンス（Sir Michael Hopkins, 1935-）
イギリスの建築家。AA スクール卒業。ノーマン・
フォースターなどと共にイギリスのハイテク建築を支え
た。1976年にホプキンス・アーキテクツを設立。作
品に《シュランバーガー・ケンブリッジ研究所》（1985）
など。

デニス・シャープ（Dennis Sharp, 1963-2010）　イギリ
スの建築家。著書に『合理主義の建築家たち——モ
ダニズムの理論とデザイン』（1978［彰国社, 1985]）など。

ハーバート・ムシャンプ（Herbert Mitchell Muschamp,
1947-2007）　アメリカの建築評論家。ペンシルヴァ
ニア大学中退。アンディ・ウォーホルのファクトリーの
一員であった。著書に『Man About Town: Frank
Lloyd Wright in New York City』（1983）など。

セドリック・プライス（Cedric Price, 1934-2003）　イ
ギリスの建築家。作品に《ファン・パレス》（1961）計
画案など。

ウォーレン・チョーク（Warren Chalk, 1927-1987）　イ
ギリスの建築家。アーキグラムのメンバー。《カプセル・
ホームズ》などを提案。

デイヴィッド・グリーン（David Greene, 1937-）　イギリ
スの建築家。アーキグラムのメンバー。

アラップ・アソシエイツ（Arup Associates）　イギリス
の建築設計組織。1963年、建築のエンジニアリング・
コンサルティング会社オーヴ・アラップ・アンド・パートナー
ズを母体として結成。当時は「アロブ」の表記で雑誌
に掲載された。

オーヴ・アラップ・アンド・パートナーズ（Ove Arup &
Partners）　建築のエンジニアリング・コンサルティン
グ会社。1946年、イギリスの構造家オーヴ・アラップ
（Ove Arup, 1895-1988）によって設立された。現在
は本社をロンドンに置き、世界37カ国にオフィスがあ
る。プロジェクト実績は160カ国以上にのぼる。

三上祐三（みかみ・ゆうぞう, 1931-）　建築家。東京

藝術大学美術学部建築科卒業後、前川國男建築設
計事務所に勤務。デンマークのヨーン・ウツソン事務
所を経て、1962年よりイギリスのオーヴ・アラップ・アン
ド・パートナーズに勤務。シドニーオペラハウスの設計
に従事した。1973年に株式会社 MIDI 綜合設計研
究所を設立。作品に《Bunkamura　オーチャードホー
ル》（1989）など。

デニス・クロンプトン（Dennis Crompton, 1935-）　イ
ギリスの建築家。アーキグラムのメンバー。作品に《コ
ンピューター・シティ》（1964）など。

ヘイグ・ベック（Haig Beck, 1944-）　イギリスの建築
家、編集者。メルボルン大学教授。著書に『Parliament
House Canberra: A building for the Nation』（1988）
など。

ジャッキー・クーパー（Jackie Cooper, 1950-）　イギリ
スの建築家、編集者。1996年、ヘイグ・ベックと共
に建築雑誌『Ume』を創刊。著書に『Mackintosh
Architecture: The Complete Buildings and Selected
Projects』（1978）など。

レム・コールハース（Rem Koolhaas, 1944-）　オラン
ダの建築家、都市計画家。著書に『錯乱のニューヨー
ク』（1978［筑摩書房, 1995]）など。作品に《中国中央
電視台本部ビル》（2009）など。

ウェルズ・コーツ（Wells Wintemute Coates, 1895-
1958）　カナダの建築家。作品に《アイソコン・ビル》
（1934）など。

トーマス・ホープ（Thomas Hope, 1769-1831）　オラン
ダ出身の作家、家具デザイナー。イギリスで活躍。リー
ジェンシー様式の家具を代表する作家。

21. アムステルダムの建築家たち

アントン・オルベルツ（Anton Alberts, 1927-1999）
ドイツの建築家。作品に《ING 銀行》（1982）など。

コンスタント・ニーヴェンホイス（Constant Anton
Nieuwenhuys, 1920-2005）　オランダの画家、建築
家。1959年にシチュアシオニスト・インターナショナル
に参加する。作品に《ニュー・バビロン計画》（1956-
1972）など。

フェルディナン・ド・ソシュール（Ferdinand de
Saussure, 1857-1913）　スイスの言語学者。近代言語
学の父。1906年から1911年にかけて行われたジュネー
ヴ大学での講義録『一般言語学講義』が死後刊行
されている。

クロード・レヴィ＝ストロース（Claude Lévi-Strauss,

1908-2009) ベルギー出身のフランスの社会人類学者,民族学者。著書に『悲しき熱帯』(1955[中央公論社, 1977]),『野生の思考』(1966[みすず書房, 1976])など。

ジェイムズ・オーガスティン・アロイジアス・ジョイス(James Augustine Aloysius Joyce, 1882-1941) アイルランド出身の小説家,詩人。著書に『ユリシーズ』(1922[岩波書店, 1932-1935])など。

スタンリィ・タイガーマン(Stanley Tigerman, 1930-) アメリカの建築家。作品に《イリノイ・ホロコースト博物館・教育センター》(1981)など。

22. ドイツ日記1──マンフレッド・シュパイデルのこと

マンフレッド・シュパイデル(Manfred Speidel 1938-) ドイツの建築家,建築評論家。1975年から2003年までアーヘン工科大学の教授を務めた。著書に『ブルーノ・タウト 1880-1938』(トレヴィル、1994)など。

ゴットフリート・ベーム(Gottfried Böhm, 1920-) ドイツの建築家。1986年、プリツカー賞受賞。作品に《ネヴィゲスの巡礼教会》(1968)など。

ドミニカス・ベーム(Dominikus Böhm, 1880-1955) ドイツの建築家。ゴットフリート・ベームの父。

エリザベート・ベーム(Elisabeth Böhm née Haggenmüller, 1921-2012) ドイツの建築家。ゴットフリート・ベーム夫人。

ベルトルト・コンラート・ヘルマン・アルベルト・シュペーア(Berthold Konrad Hermann Albert Speer、1905-1981) ドイツの建築家、政治家。アドルフ・ヒトラーの側近の建築家として知られる。ベルリン工科大学にてハインリヒ・テッセナウに師事。作品に《パリ万博ドイツ館》(1937)など。

ギュンター・ニチケ(Günter Nitschke, 1934-) ドイツの建築家。著書に『Japanische Gärten: rechter Winkel und natürliche Form(日本の庭園:正しい見方と自然のかたち)』(1993)。

ウェルナー・エクスリン(Werner Oechslin, 1944-) スイスの建築史家。ETHZ教授。

ハインツ・ビーネフェルト(Heinz Bienefeld, 1926-1995) ドイツの建築家。作品に《ババネク邸》(1991-95)など。

カールヨーゼフ・シャットナー(Karljosef Schattner, 1924-2012) ドイツの建築家。ダルムシュタット工科大学名誉教授。歴史建造物に近代的な解釈を加えた増改築で知られる。作品に《ヒルシュベルク城増築》

(1987-1992)など。

エミール・シュテファン(Emil Steffann, 1899-1968) ドイツの建築家。教会建築において知られる。作品に《聖コンラット教会》(1953)など。

ルドルフ・シュワルツ(Rudolf Schwarz, 1897-1961) ドイツの建築家。第2次世界大戦後のケルンの復興に大きな役割を果たした。作品に《ヴァルラフ・リヒャルツ美術館再建》(1956)など。

23. ドイツ日記2──「近代建築」をたずねて

ブルーノ・ゼヴィ(Bruno Zevi, 1918-2000) イタリアの建築史家,建築評論家。著書に『空間としての建築』(1957[青銅社, 1966])など。

マックス・ビル(Max Bill, 1908-1994) スイスの建築家、画家、彫刻家、インダストリアルデザイナー。1927年から1928年までバウハウスで学んだ。作品に《ユンハンスの腕時計》(1962-)など。

クロード・シュナイト(Claude Schnaidt, 1931-2007) スイスの建築家。マックス・ビルの弟子。

ロルフ・グットマン(Rolf Gutmann, 1926-2002) スイスの建築家。チームXメンバー。ETHZにてアルフレッド・ロートの助手を務め、その後、客員教授。

トーマス・ワグナー(Thomas Wagner, 1943-) スイスの政治家。スイス自由民主党所属。元チューリッヒ市都市計画局長。法学と医学において博士号を取得。

マルト・スタム(Mart Stam, 1899-1986) オランダの建築家、家具デザイナー。1927年のヴァイセンホーフ住宅展に参加し、住宅案ならびに家具を発表した。作品にキャンチレバー構造の椅子《S-33》(1926)など。

エルンスト・マイ(Ernst May, 1886-1970) ドイツの建築家、都市計画家。作品に《レーマーシュタットの集合住宅》(1928)など。

エーリヒ・メンデルゾーン(Erich Mendelsohn,1887-1953) ドイツの建築家。表現主義的な作風で知られる。作品に《アインシュタイン塔》(1921)など。

マインハルト・フォン・ゲルカン(Meinhard von Gerkan, 1935-) ドイツの建築家。1965年より建築設計事務所GMP(von Gerkan, Marg und Partner)を主宰。作品に《ベルリン中央駅》(2006)など。

ハンス・エーリヒ・ノサック(Hans Erich Nossack, 1901-1977) ドイツの小説家。著書に『死者への手向け』(1947[中央公論社, 1971])、『おそくとも十一月には』

（1955［白水社 , 1966]）など。

ゲルハルト・フェルトマイヤー（Gerhard G. Feldmeyer, 1956-）　ドイツの建築家。1980年代、菊竹清訓建築設計事務所、マインハルト・フォン・ゲルカン主宰の GMP に勤めた。著書に『New German Architecture』（1993）など。

カール・フリードリッヒ・シンケル（Karl Friedrich Schinkel, 1781-1841）　ドイツの新古典主義を代表する建築家。プロイセンの王室建築家として活躍した。作品に《アルテス・ムゼウム》（1824）など。

ヘルマン・プンツ（Hermann Johannes Gustav Pundt, 1928-2000）　ドイツ出身の建築史家。ワシントン大学の教授を務めた。1982年、東京工業大学にて講義を行った。著書に『建築家シンケルとベルリン──十九世紀の都市環境の造形』（1972［中央公論美術出版 , 1985]）など。

カール・シュナイダー（Karl Rudolf Schneider, 1892-1945）　ドイツの建築家。作品に《ハンブルグ近郊住宅》（1929-1930）など。

フリッツ・シュマッハー（Fritz Schumacher, 1869-1947）　ドイツの建築家。ドイツ表現主義、ユーゲント・シュティールを代表する作家。ドイツ工作連盟創設期メンバー。作品に《ヴァールブルク文化科学図書館》（1925）など。

吉田鉄郎（よしだ・てつろう、1894-1956）　建築家。東京帝国大学建築学科卒業。逓信省営繕課に勤務し、逓信建築を多く設計。著書に『日本の建築』（1952［鹿島出版会 , 2003]）など。作品に《東京中央郵便局》（1924）、《大阪中央郵便局》（1939）など。

フリッツ・ヘーガー（Fritz Höger, 1877-1949）　ドイツの建築家。作品に《チリハウス》（1922-1924）など。

S・E・ラスムッセン（Steen Eiler Rasmussen, 1898-1990）　デンマークの建築家、都市計画家。建築理論家、歴史家としても著名。著書に『経験としての建築』（1959［美術出版社 , 1966]）、『北欧の建築』（1940［鹿島出版会 , 1978]）。

ルートヴィッヒ・レゼリウス（Ludwig Roselius,1874-1949）　ドイツの実業家。カフェインレス・コーヒーを中心に取り扱った会社 Kaffee Hag の創始者として知られる。

ベルンハルト・ヘートガー（Bernhard Hoetger, 1874-1949）　ドイツの画家、彫刻家、建築家。彫刻作品に《ニーダーザクセンシュタイン》（1922）、建築作品に《ハウス・アトランティス》（1931）など。

パウラ・モーダーゾーン゠ベッカー（Paula Modersohn-Becker, 1876-1907）　ドイツの画家。初期のドイツ表現主義を代表する画家のひとり。作品に《琥珀の首飾りの自画像》（1905年頃）など。

ライナー・マリア・リルケ（Rainer Maria Rilke, 1875-1926）　オーストリアの詩人。象徴主義的作風で知られる。著書に『マルテの手記』（1910［新潮社 , 1953]）など。

フリッツ・マッケンゼン（Fritz Mackensen, 1866-1953）　ドイツの画家。ヴォルプスヴェーデに最初に住み着いた画家のひとり。1894年、オットー・モーダーゾーンらと共にヴォルプスヴェーデ芸術家協会を結成、展覧会を開くなどの活動をした。作品に《母子像》（1892）など。

オットー・モーダーゾーン（Otto Modersohn, 1865-1943）　ドイツの画家。多くの風景画を残した。フリッツ・マッケンゼンと共にヴォルプスヴェーデに最初に住み着いた。作品に《雲の山》（1892）など。

フリッツ・オーヴァベック（Fritz Overbeck, 1869-1909）　ドイツの画家。作品に《花咲く蕎麦畑》（1900頃）など。

ハンス・アム・エンデ（Hans am Ende, 1864-1918）　ドイツの画家。作品に《白樺の小さな森》（1897）など。

ヨハン・ハインリッヒ・フォーゲラー（Johann Heinrich Vogeler, 1872-1942）　ドイツの画家、建築家。1894年にヴォルプスヴェーデに定住。白樺派に影響を与えた。作品に《春》（1896）など。

ヨーゼフ・パウル・クライフズ（Josef Paul Kleihues, 1933-2004）　ドイツの建築家。作品に《シカゴ現代美術館》（1996）など。当時ドルトムント大学で教鞭を執り、多くの建築家を招待し、パンフレットを出版した。来日して、日本大学で講演した。夫人の名前はエリザベート。中村）

クラウス・バルデュス（Claus Baldus）　ドイツの哲学者。著書に『Set Sail: konstruktive Dialektik』（2009）など。

ハルト゠ウォルター・ハマー（Hardt-Waltherr Hamer, 1922-2012）　ドイツの建築家。パウル・クライフースと組んで IBA を指揮し、再開発計画を担当。

ペーター・ベーレンス（Peter Behrens, 1868-1940）　ドイツの建築家、デザイナー。作品に《AEG タービン工場》（1910）など。

ワルター・ミューラー゠ヴルコフ（Walter Muller-

Wulckow, 1886-1964) ドイツの文化史家。近代建築に関する書物を多数著わした。著書に『Wohnbauten und Siedlungen』(1929) など。

ヤニス・クセナキス(Iannis Xenakis, 1922-2001) ルーマニア出身、ギリシャ系フランス人の作曲家、建築家。20世紀を代表する現代音楽の作曲家のひとりである。同時にル・コルビュジエのもとで《ラ・トゥーレット修道院》(1960) などの建築設計にも携わった。音楽作品に《メタスタシス》(1954) など。

アレクサンダー・フォン・ゼンガー(Alexander von Senger, 1880-1968) スイスの建築家、建築評論家。作品に《Haus zur Linde》(1912-1918) など。

パウル・シュルツ=ナウムブルク(Paul Schultze-Naumburg, 1869-1949) ドイツの建築家、建築理論家、政治家。純粋なドイツ民俗と、ユダヤ人・スラヴ人などの制作した芸術品とを比較、後者を不純で退廃しているとする『芸術と人種』(1928) を執筆したことで知られる。作品に《ツェツィーリエンホーフ宮殿》(1917)など。

ジュリアン・ガデ(Julien Guadet, 1834-1908) フランスの建築家。エコール・デ・ボザールにおいて合理主義を推し進めた。作品に《中央郵便局》(1880) など。

グスタフ・ウンデンシュトック(Gustave Umbdenstock, 1866-1940) フランスの建築家、芸術評論家。エコール・デ・ボザールにおいてジュリアン・ガデに師事。作品に《パスツール高校》(1923) など。

24. プリツカー建築賞の人々

トム・プリツカー(Thomas Pritzker, 1950-) アメリカの実業家。1999年、父のジェイ・プリツカーの死後、ハイアット・ホテル・グループの会長を務める。

ジェイ・プリツカー(Jay Arthur Pritzker, 1922-1999) アメリカの実業家。1979年、妻のシンディと共にプリツカー賞を設立。

エイダ・ルイズ・ハクスタブル(Ada Louise Huxtable, 1921-2013) アメリカの建築評論家。著書に『未完の建築家 フランク・ロイド・ライト』(2004 [TOTO出版、2007]) など。

フランク・ステラ(Frank Stella, 1936-) アメリカの画家、彫刻家。作品に《グラン・カイロ》(1962) など。

ビル・レイシー(Bill N. Lacy, 1933-) アメリカの建築家。1988年から2005年までプリツカー賞のエグゼクティブディレクターを務めた。

リカルド・レゴレッタ(Ricardo Legorreta Vilchis, 1931-2011) メキシコの建築家。作品に《カミノ・レアル・ホテル・メキシコシティ》(1968) など。

マイケル・ウィルフォード(Michael Wilford, 1938-) イギリスの建築家。作品に《ベルリンの英国大使館》(2000) など。

ナサニエル・チャールズ・ジェイコブ・ロスチャイルド(Nathaniel Charles Jacob Rothschild, 1936-) イギリスの銀行家、政治家、慈善家。ナショナル・ギャラリー評議会会長、国家遺産記念財団会長、プリツカー賞審査委員長などを歴任。

イオ・ミン・ペイ(Ieoh Ming Pei, 1917-) 中国系アメリカ人建築家。作品に《ナショナル・ギャラリー東館》(1978)、《ルーヴル・ピラミッド》(1989) など。

ピーター・ライス(Peter Rice, 1935-1992) アイルランドの構造家。作品に《シドニー・オペラハウス》(1973)、《ポンピドゥー・センター》(1977) など。

クリスチャン・ド・ポルツァンパルク(Christian de Portzamparc, 1944-) フランスの建築家。作品に《音楽都市》(1994) など。

ギュンター・ベーニッシュ(Günter Behnisch, 1922-2010) ドイツの建築家。作品に《ミュンヘン・オリンピアシュタディオン》(1972) など。

矢代幸雄(やしろ・ゆきお、1890-1975) 美術史家、美術評論家。東京帝国大学英文科卒業。ヨーロッパ留学を経て、東京美術学校教授、美術研究所所長に就任。著書に『日本美術の特質』(1943)、『水墨画』(岩波書店、1969) など。

マリア・イダ・ビギ／ディーダ・ビキ(Maria Ida Biggi / Dida Biggi) イタリアの写真真家。著書に『Carlo Scarpa: Villa Ottolenghi』(フランチェスコ・ダル・コとの共著、2007) など。

パオロ・ピヴァ(Paolo Piva, 1950-) イタリアのデザイナー。ヴェネチア建築大学在学中にカルロ・スカルパやカルロ・アイモニーノに師事。

内田繁(うちだ・しげる、1943-) インテリアデザイナー。桑沢デザイン研究所卒業。1970年に内田デザイン事務所を設立。著書に『インテリアと日本人』(晶文社、2000) など。作品に《受庵・想庵・行庵》(1993) など。

堀口豊太(ほりぐち・とよた、1955-) 建築家。イェール大学建築学部修士課程修了。1989年よりアルドロッシの日本事務所に勤務。京都市立芸術大学教授。作品に《門司港ホテル》(1998) など。

モリス・アジミ（Morris Adjimi, 1959-）　アメリカの建築家。作品に《アンビエンテインターナショナル本社ビル（現・JASMAC 青山）》（1991）など。

ジョヴァンニ・カルロ・フランチェスコ・アニェッリ（Giovanni Carlo Francesco Agnelli, 1921-2003）　イタリアの自動車会社フィアットの元名誉会長。

エットレ・ソットサス（Ettore Sottsass, 1917-2007）オーストリア出身の建築家、インダストリアルデザイナー。イタリアで活躍。作品に《カールトン》（1981）など。

アレッサンドロ・メンディーニ（Alessandro Mendini, 1931-）　イタリアの建築家、デザイナー。作品に《フローニンゲン美術館》（1994）、ワインオープナー《アンナ G》（1994）など。

アルヴァロ・シザ（Álvaro Joaquim de Melo Siza Vieira, 1933-）　ポルトガルの建築家。作品に《リスボン万博1998・ポルトガル館》（1998）など。

ヴァーツラフ・ハヴェル（Václav Havel, 1936-2011）チェコの劇作家。1989-1992年チェコスロバキア大統領、1993-2003年チェコ共和国初代大統領を務めた。

ホルヘ・シルヴェティ（Jorge Silvetti, 1942-）　アルゼンチンの建築家。ロドルフォ・マチャド（Rodolfo Machado）と共にマチャド & シルヴェティを設立。作品に《ユタ大学美術館》（2000）など。

スヴェレ・フェーン（Sverre Fehn, 1924-2009）　ノルウェーの建築家。作品に《ヘドマルク博物館》（1988）など。

ウィリアム・ジェファーソン・ビル・クリントン（William Jefferson Bill Clinton, 1946-）　第42代アメリカ合衆国大統領。

ヒラリー・ローダム・クリントン（Hillary Rodham Clinton, 1947-）　アメリカの政治家、弁護士。第67代国務長官（2009-2013）。

25. 忘れえぬ人々、二人の韓国人建築家 ─────

渡邊洋治（わたなべ・ようじ、1923-1983）　建築家。久米設計に勤務後、早稲田大学理工学部建築学科吉阪隆正研究室にて助手を務める。1958年に渡邊建築事務所を設立。作品に《第3スカイビル》（1970）など。

ポール・ビュロン（Paul Buron）　フランスの映画監督。ジャン・リュック・ゴダールを中心とした映画グループ、ジガ・ヴェルトフ集団に所属。作品に『プラウダ（真実）』（1969）。

ピエール・カミュ（Pierre Camus, 1885-1948）　フランスの作曲家。作品に《歌とバディネリ》（年代不明）など。

金壽根（김수근、きむ・すぐん、1931-1986）　韓国の建築家、都市計画家。金重業と共に韓国における近代建築の巨匠とされる。作品に《ソウルオリンピック主競技場》（1977）など。

村井修（むらい・おさむ、1928-）　写真家。建築、彫刻などの撮影を主とする。写真展に「建築へ写真へ」（1982-84、名古屋・東京・ソウル）など。作品集に『石の記憶』（リブロポート、1989）など。

宮脇檀（みやわき・まゆみ、1936-1998）　建築家。東京藝術大学美術学部建築学科卒業、東京大学大学院工学系研究科修士課程修了。1964年に宮脇檀建築研究室を設立。作品に《松川ボックス#1,#2》（1971、1978）、著作に『日曜日の住居学』（1983）など。

高木良子（たかぎ・りょうこ、1932-）　デザイナー。カリフォルニア・カレッジ・オブ・アーツ・アンドクラフツ、インテリア部卒業。1976年まで SOM 勤務。訳書に『環境としての空間──ある建築家の回想』（1973［新建築社、1977］）。

堀英夫（ほり・ひでお）　錠前、建具金物等を扱う「堀商店」（1890年創業）前会長。

黒沢隆（くろさわ・たかし、1941-2014）　建築家、建築評論家。日本大学大学院博士課程修了。1973年に黒沢隆研究室を設立。作品に《1/4円弧 KOH》（1987）。著作に『建築家の休日』（1987）、『個室群住居』（住まいの図書館出版局、1979）など。

下村純一（しもむら・じゅんいち、1952-）　写真家。著書に『豊饒の近代建築──下村純一の眼』（伊奈製陶東京ショールーム、1984）、『写真的建築論』（鹿島出版会、2008）など。

キム・ビーハム　（金重業さんの紹介で会った婦人。新宿の花園神社に行き、パレス・ホテルに泊まっていた。中村）

人物註作成協力：渡辺周

初出一覧

＊この書籍は、以下の雑誌掲載記事を大幅に加筆訂正したものである。

中村敏男（なかむら・としお）

1931年11月6日、東京・王子に生まれる。姉二人の末っ子。父は典型的銀行員。二浪して早稲田大学第一理工学部建築学科に入学するも、中途退学。先輩たちのつてで『近代建築』編集部に入社、鹿島出版会編集部を経て、1969年、新建築雑誌の創刊に加わり、誌名を『a+u』と命名、1995年まで25年間、取締役、編集長を務める。退社後はもっぱら翻訳書を出版する。ケネス・フランプトン『現代建築史』(2003)、アンソニー・ヴィドラー『歪んだ建築空間』(2006)、ピーター・ブランデル・ジョーンズ『モダニズム建築』(2006) など。編著に『Glass House』(2007)。

acetate022

日記のなかの建築家たち

2015年8月20日発行

著　者　中村敏男
編　集　中谷礼仁／北浦千尋＋メディア・デザイン研究所
発行者　中谷礼仁
印　刷　株式会社国際印刷出版研究所

発行所　編集出版組織体アセテート
〒169-8555 東京都新宿区大久保3-4-1 55N-8-9
早稲田大学 理工学術院 創造理工学部建築学科 中谷研究室内
振替：00990-8-148084

ISBN 978-4-902539-22-6 C0052

本書の内容に関するご意見・ご感想は下記までお寄せください。
URL: http://www.acetate-ed.net e-mail: info@acetate-ed.net

にわとりは　ついばむ

acetate

アセテート書籍一覧
2015 年現在

acetate 001	高床の家　都市の船	メダン—アジア 高床住宅調査ユニット	インドネシア・メダン地方の高床式住宅に関するはじめての解説書
acetate 002	近世建築論集	中谷礼仁 中谷ゼミナール	日本近世建築世界にひそむ言説のからくりに挑む
acetate 003	ニコニコ通信	長嶋康郎	古道具屋ニコニコ堂の主人による、ちょっと理屈っぽい読み物
acetate 004	ピラネージ建築論　対話	G. B. ピラネージ 横手義洋訳・岡田哲史校閲	古典主義建築の脱構築。論理の運動が「単調なる純粋さ」を挫く
acetate 005	Billy's Good Advice ビリーのグッド・アドヴァイス	ビリー・クルーヴァー 田口卓臣訳・ミミ・グロス絵	60年代アメリカ現代芸術界のゴッドファーザーが贈るアドヴァイス集
acetate 006	文象先生のころ 毛綱モンちゃんのころ	渡辺豊和	二人の巨人の同伴者が描く日本近代建築史のミッシング・リンク
acetate 007	July2001〜May2004	鈴木了二	建築を志す者におくる、最も近い迂回の書
acetate 008	川合健二マニュアル	川合健二	希代の科学者にしてコルゲート建築の生みの親、川合健二の言説集
acetate 010	round 01 Jewels	Yasushi ZENNO (ed) Jagan SHAH (ed)	アジア初、アジア発の全編英語の建築理論誌
acetate 011	シリーズ・都市の血肉 1 ルッカ　一八三八年	黒田泰介	古代ローマ円形闘技場二千年の変転に肉迫する
acetate 012	シリーズ・都市の血肉 2 彰化　一九〇六年	青井哲人	路地、家屋の痕跡の復元によって立ち現れる台湾の亡霊都市
acetate 015-020	グラウンド・ツアー	藤森照信	超古代へ、生の根源へ。藤森照信 20 年間の旅の記録
acetate 021	アドルフ・ロース著作集 1 虚空へ向けて	アドルフ・ロース 加藤淳訳 鈴木了二＋中谷礼仁監修	近代建築宣言「装飾と犯罪」の建築家による 19世紀末文化批評の全貌
acetate 022	日記のなかの建築家たち	中村敏男	これぞ黄金時代。『a+u』初代名編集長の日記による、近代建築の軌跡

http://www.acetate-ed.net